# CHEMIN DE FER

DE

# NICE A CONI

## PROCÈS-VERBAUX

du Syndicat et de la Commission Technique
constitués à Nice

ET

## RAPPORT

DE M. L'INGÉNIEUR DURANDY

NICE
IMPRIMERIE ADMINISTRATIVE, FARAUD ET CONSO
Rue du Pont-Neuf, 9.

1873.

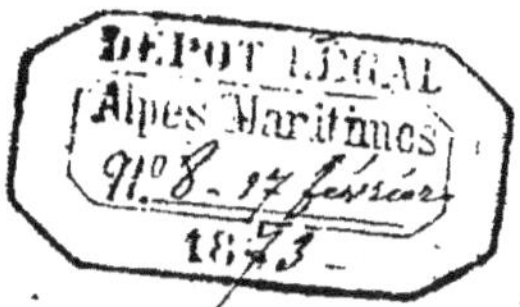


# CHEMIN DE FER

DE

# NICE A CONI

## PROCÈS-VERBAUX

du Syndicat et de la Commission Technique
constitués à Nice

ET

## RAPPORT

DE M. L'INGÉNIEUR DURANDY

NICE
IMPRIMERIE ADMINISTRATIVE, FARAUD ET CONSO
Rue du Pont-Neuf, 9.

1873.

# CHEMIN DE FER

DE

# NICE A CONI

Sur l'initiative du Conseil Municipal et de la Chambre de Commerce de Nice, un Syndicat a été constitué dans le but de poursuivre la réalisation d'un Chemin de fer entre Nice et Coni.

Ce Syndicat a été composé de

| | |
|---|---|
| MM. Gauthier Paul<br>Navello<br>Borriglione<br>Faraut | Membres de la Commission Départementale. |
| Muaux<br>Gayet<br>Mereu<br>Mayrargue<br>Bressa | Membres de la Commission Municipale. |
| Abbo<br>Barbe<br>Tallandier<br>Avigdor | Membres de la Chambre de Commerce |
| Piccon<br>Bergondi<br>Lefèvre<br>Maure | Députés des Alpes-Maritimes. |

| | |
|---|---|
| Raynaud Aug. | Maire de Nice. |
| Roubaud | id. de Grasse. |
| Mero | id. de Cannes. |
| Médecin | id. de Menton. |
| Allègre | id. de Toulon. |
| Pastoris | id. de Sospel. |

MM. Delestrac, Ingénieur en chef des Alpes-Maritimes.
Piccon, Ingénieur en chef en retraite à Nice.
Durandy, Ingénieur à Nice.
Defly, Architecte départemental à Nice.

Dans sa réunion du 29 novembre 1871, dont le procès-verbal est rapporté ci-après, le syndicat à chargé une commission technique, de l'étude des divers projets qui ont été mis en avant.

# SYNDICAT DU CHEMIN DE FER

DE

## CONI A NICE

*Séance du 29 Novembre 1871.*

Monsieur Auguste Raynaud, Maire de Nice, ouvre la séance; sont présents:

MM. Les députés Piccon, Bergondi, Lefèvre ; MM. Les Membres du Conseil Général: Paul Gauthier, Borriglione, Faraut, Navello; MM. Les Conseillers Municipaux: Muaux, Gayet, et Mereu; MM. Les Membres de la Chambre de Commerce: Abbo, Barbe et Taillandier. MM. Les Maires: Pastoris et Raybaud-Papon; MM. Les Ingénieurs: Delestrac, Piccon, Durandy et Defly.

Monsieur Raynaud, Maire de Nice, remercie les Membres présents de s'être rendus à son invitation et recommande à toute leur sollicitude la question du chemin de fer de Nice Coni qui doit augmenter l'importance commerciale de Nice et de toutes les communes environantes, tout en fournissant des moyens d'alimentation plus faciles et plus économiques. Les communes voisines ont adhéré à la proposition de la création du Syndicat et M. Raynaud donne lecture d'une lettre du maire de Toulon qui, assurant l'adhésion de la Municipalité de Toulon, exprime ses regrets personnels de ne pouvoir assister à la première séance.

Pour procéder avec ordre, M. Raynaud propose la formation d'un bureau — Après discussion, il est établi que le bureau se composera d'un Président, d'un Vice Président, d'un Secrétaire.

M. Raynaud propose de donner à M. le Préfet la présidence honoraire du Syndicat. Cette proposition est adoptée par acclamation, et M. le Maire de Nice est chargé d'en faire part à M. le Préfet.

M. Raynaud est nommé Président, M. Abbo Vice-Président, M. Defly Secrétaire.

Le bureau étant constitué, M. le Président donne la parole à M. Gayet, membre de la Commission du Conseil Municipal, pour donner connaissance au Syndicat des travaux de cette Commission.

M. Gayet dit que des ouvertures avaient été faites à divers corps constitués pour appuyer la demande d'un chemin de fer entre Coni et Nice ; que ces ouvertures ont été acceptées avec le plus grand empressement, notamment par la Municipalité de Toulon et la Municipalité de Coni, le Conseil Général du Var, et le Conseil Général des Alpes Maritimes; par l'intermédiaire de M. Barbe, la Commission a pu se mettre en rapport avec M. Biancheri, président de la Chambre des députés d'Italie, qui a assuré son concours en tout ce qui pourrait mener à bonne fin la construction d'un chemin de fer international entre Nice et Coni.

En présence de toutes ces adhésions, la Commission a cru devoir proposer au Conseil Municipal d'instituer un Syndicat permanent qui aurait pour but d'étudier les différents tracés proposés, de choisir parmi les différents tracés celui qu'il jugerait le plus convenable comme répondant le mieux aux besoins des deux pays, et d'appuyer et recommander le tracé choisi auprès du Gouvernement, pour obtenir le plus promptement possible sa construction.

M. Abbo croit que le projet de la Roya est celui qui a le plus de chances de réussir, parce qu'il assurerait le concours du Gouvernement Italien.

M. Barbe dit, qu'avant de laisser engager la discussion sur le fond de la question, il tient à expliquer que les pourparlers avec M. Biancheri n'ont rien eu d'officiel, que M. Biancheri a promis tout son concours personnel, mais qu'il ne faudrait en rien engager sa personnalité politique dans cette affaire. (Approbation générale).

M. Lefèvre dit, qu'il faut attaquer le fond de la question qui se résume à la question des tracés. Trois tracés sont en présence : celui de la Roya, celui du Paillon, et celui de la Vésubie.

Le projet de la Roya présente beaucoup d'inconvénients et peu ou pas d'avantages. Il n'a pas Nice pour tête de ligne. C'est un tracé qui n'est ni Français, ni Niçois, ni départemental ; il ne traverse qu'un seul canton de notre département, et rapproche en réalité Coni de Vintimille, mais non pas de Nice. Il coûte aussi cher que le tracé de la Vésubie, sans présenter les mêmes avantages. Le tracé de la Roya présentera l'inconvénient de transbordements forcés à Vintimille, par suite des différences que l'on devra introduire entre le matériel du chemin de montagne et celui du chemin du littoral. On augmentera les difficultés du service entre Nice et Vintimille où il n'y a qu'un chemin à la voie, et l'adjonction du trafic de Coni à celui de la rivière, serait peut être une source d'encombrement et d'irrégularité qu'il faudrait écarter.

Il laisse de côté le tracé intermédiaire qui doit desservir la vallée de Coni, Sospel, Menton et Nice qu'il préfère au tracé de la Roya, mais qu'il croit inférieur au tracé de la Vésubie.

Le tracé de la Vésubie, a l'avantage d'employer les travaux de l'endiguement du Var sur un parcours de 23 kilomètres; ce qui donnera pour cette première portion du tracé, une dépense presque nulle. De plus, ce tracé permet d'amorcer un tronçon allant de la vallée du Var sur Puget-Théniers et, ce chemin pouvant aller rejoindre Digne, Grenoble et le centre de la France, assurerait un assez grand transit par le port de Nice.

Ensuite, la vallée de la Vésubie est riche en eaux thermales, et en minières dont l'exploitation assurerait un courant constant de voyageurs et de marchandises. Enfin, dans le haut du tracé, le chemin rejoindrait Valdieri, puis Coni.

M. Lefèvre conclut donc que, si le tracé est possible, si son exécution n'est pas de beaucoup plus dispendieuse que celle des autres tracés, la ligne de la Vésubie est la seule utile, la seule avantageuse. Au point de vue stratégique, cette ligne est aussi supérieure à celle de la Roya, parce qu'elle est mieux garantie contre une invasion.

La première étude de ce tracé passait par Saint-André, Levens, Saint-Martin-de-Lantosque; mais M. Lefèvre l'abandonne. La seconde étude passe par le fond de la vallée de la Vésubie pour n'entrer sous tunnel dans les Alpes, qu'à la cote 1,300. C'est cette seconde étude que M. Lefèvre présente. Il y aurait des rampes de 0,03 à 0,032 et la route se répartirait comme suit :

| | | |
|---|---|---|
| De Nice au Var | kilomètres | 5 |
| Var sur la digue | » | 23 |
| Du Var au tunnel | » | 43 |
| Du tunnel à Coni | » | 45 |
| Total | kilom. | 116 |

Le développement total ne serait que de 116 kilomètres, tandis que par Vintimille, il faut 130 kilomètres.

Par déductions, M. Lefèvre évalue ainsi la dépense :

| | | |
|---|---|---|
| Les 5 premiers kilomètres de Nice au Var à 80,000 fr., soit : | Fr. | 400,000 |
| Les 23 kilomètres sur la digue du Var à 100,000 fr. | » | 2,300,000 |
| Les 43 kilomètres suivants à 250,000 fr. | » | 5,750,000 |
| et 20 à 300,000 fr. représentant | » | 6,000,000 |
| Le tunnel évalué | » | 7,000,000 |
| A reporter | Fr. | 21,450,000 |

| | | |
|---|---|---|
| | Report | Fr. 21,450,000 |
| La partie du tunnel jusqu'à Coni | | » 11,700,000 |
| | | Fr. 32,150,000 |
| Intérêts pendant les travaux etc. | | » 7,000,000 |
| | Total | Fr. 40,000,000 |

Soit un total de 40 millions qui, répartis sur 116 kilomètres donnent 340,000 fr. par kilomètre.

Le trafic sera-t-il suffisant pour compenser cette dépense?

| | | |
|---|---|---|
| Nous avons de déboursés | | Fr. 17,000 |
| Frais de traction | | » 7,000 |
| | Total | Fr. 24,000 |

Il faut que le trafic donne 24,000, ce qui représente un transport de 160,000 tonnes, à fr. 0,15 la tonne, tarif adopté pour les chemins de montagne. On peut espérer comme trafic

| | | |
|---|---|---|
| 150,000 tonnes, à fr. 0,15, soit : | | Fr. 22,500 |
| 1/4 pour voyageur | | » 5,625 |
| | Brut : | Fr. 28,125 |

On développerait aussi l'industrie de Nice qui pourrait avoir un commerce de transit très-considérable et un commerce local plus important que celui qu'elle a aujourd'hui.

En conclusion donc, M. Lefèvre dit que le chemin de la Vésubie est le plus utile de tous et qu'au point de vue financier, il est très-possible.

M. Barbe remercie M. Lefèvre du travail qu'il a fait, il regrette seulement que dans son exposé, M. Lefèvre ait dit, en parlant du chemin de la Roya, le chemin de M. Biancheri; il ne doit être, dans les discussions, question ni de personnes ni de nationalités. D'ailleurs, le projet de la Roya n'est nullement le projet de M. Biancheri; c'est un projet déjà ancien. En second lieu M. Lefèvre a dit qu'il fallait faire en sorte de faire prospérer Nice ; sans doute l'arrondissement de Grasse est très-heureux de la prospérité de Nice, mais il ne faut pas cependant qu'une question qui touche aux intérêts généraux des Alpes Maritimes et du Var, soit primée par une question d'intérêt purement local. M. Barbe ne veut pas aborder la question de tracés, il croit que toutes les lignes sont bonnes, mais qu'elles doivent être etudiées toutes par une Commission permanente qui, ensuite, présentera un projet.

M. Piccon, député, dit qu'il ne faut pas oublier qu'il y a 10 à 15 ans, l'Administration Municipale, cédant à l'entrainement du moment, vota 30,000 fr. pour faire faire des études. Que ces études faites restèrent en porte-feuille parce qu'on ne fut pas long à reconnaître que ce tracé était inexécutable, qu'il ne faudrait pas par conséquent se laisser aller à faire de nouvelles dépenses pour des études faites trop tôt. Il remercie M. Lefèvre de la peine qu'il a prise pour préparer son avant-projet, mais il croit bien que ces études faites à la hâte par M. Lefèvre, ne peuvent se comparer aux études faites pour le tracé de la Roya. D'ailleurs, on ne peut établir de comparaison que quand on aura vu successivement les différents projets. On a le projet de la Vésubie, on a le projet de la Roya, étudié par M. Cerrotti ; il faudra faire une étude de la route intermédiaire et, alors seulement, on pourra faire des comparaisons. Il ne faut pas seulement se préoccuper de la construction, il faut aussi s'assurer le concours d'une compagnie. C'est pourquoi il propose au Syndicat, de nommer une Commission composée d'hommes techniques, qui étudiera la question sous ses différents aspects, dépenses, produits, difficultés, et qui fera ensuite un rapport au Syndicat et le mettra à même de discuter les différentes questions qui se présenteront dans chacun des tracés.

M. Piccon, Ingénieur, demande aussi que les différentes études soient soumises à une Commission. Il est opposé au projet de M. Lefèvre, parce qu'il ne croit pas que les pentes de 0,030 soient admissibles; le tracé intermédiaire aurait l'avantage parce qu'il n'a que des pentes de 0,025. Quant au prix, M. Cerrotti avait calculé un coût de 40,000,000 fr. compris le tronçon de Vintimille à Nice. Quant aux longueurs des lignes, il croit aussi, que par le tracé de la Roya il y a moins de développement. C'est pour établir toutes ces comparaisons qu'il faut qu'une Commission examine le projet.

M. Borriglione croit qu' il y a mal entendu entre les membres prenant part à la discussion ; qu'on ne discute pas le projet Lefèvre, mais bien la nécessité de le faire examiner et comparer aux autres projets; quant à lui, il croit avec M. Lefèvre, qu'il faut que Nice soit tête de ligue, mais, ne se ralliera complètement à son projet que s' il est assuré par la Commission que c'est le tracé préférable. Il propose donc de mettre aux voix la proposition de M. Piccon, à savoir qu'il soit nommé une Commission composée d'Ingénieurs, qui étudieront les projets, et se décidera pour l'un d'entr'eux.

M. Gauthier demande quels sont les points principaux du tracé dit intermédiaire. Il lui est répondu que c'est le Col de Tende, Roya, Vallée de Sospel, Vallées haute de Peille, Escarène, Contes et Nice

M. Durandy, dit que le chemin de la Vésubie a toujours été une idée populaire et que de tout temps on avait exploité cette tendance ; qu'en 1856, malgré les Conseils et les avis de personnes influentes, la Municipalité s'était laissée entraîner à donner commission à M. Petitnispel de faire l'étude moyennant 30,000 fr. Ces études furent faites sur les cartes de l'Etat-Major jusqu' à un certain point et, comme les cartes n'existaient pas au-delà des Alpes, ces prétendues études ne furent qu'un simple dessin d'imagination. Chargé par la municipalité de vérifier le projet en 1857, M. Durandy dit qu'il reconnaît la partie méridionale comme étant parfaitement exacte, mais qu'au-delà, il n'y avait plus rien. Il croit que si on se décide pour faire un chemin de fer dans cette vallée, il faut suivre la direction du tracé de M. Lefèvre, mais qu'il ne faut pas oublier que le Gouvernement Italien est intéressé dans cette question, et qu'il soutiendra toujours le tracé de la Roya en opposition au tracé Lefèvre, et que pour lui, en ligne d'art, il ne croit pas que l'on puisse avoir d'hésitation; qu'il sera, d'ailleurs, probablement très-difficile de trouver une compagnie qui exécute le tracé de la Vésubie. Le tracé de la Roya passe les Alpes à la cote 1,070. Le projet Lefèvre passe les Alpes à la cote 1,300, avec un tunnel de 6,500 mètres et le projet Petitnispel, les passait à la cote 1,515 avec un tunnel de 5,500 mètres, alors que la vérification donne un tunnel de plus de 6,500 mètres. M. Durandy croit donc qu'il y a erreur dans l'évaluation du tunnel de M. Lefèvre et que le tunnel doit avoir au moins 1,500 mètres de plus, soit environ 8 kilomètres. Enfin, il croit que M. Lefèvre fait erreur dans l'évaluation des dépenses d'exploitation :

M. Lefèvre dit qu'il a soumis au syndicat un projet qu'il a étudié à ses frais et qu'il est prêt à le défendre ; de plus il aura probablement la compagnie qui se chargerait de son exécution.

M. Mereu dit que le projet de Petitnispel avait un développement plus grand que le projet Lefèvre, à cause de 28 kilomètres de lacet qui existaient dans le 1er et n'existent pas dans le second. Que le développement du projet Lefèvre était plus court que celui soutenu par M. Piccon, et que le détail suivant allait le prouver :

| | | |
|---|---|---|
| De Nice à Brieil | 70 | kilom. |
| Breil au Col de Tende | 30 | » |
| Tunnel | 6 | » |
| Tunnel à Coni | 29 | » environ |
| | 135 | kilom. |

M. Mereu combat le dire de M. l'Ingénieur Piccon qui avait prétendu que le tracé de la Roya était plus court que le tracé de M. Lefèvre et qui trouvait l'évaluation de 40 millions pour le projet Lefèvre trop faible, en disant que M. Cerrotti avait, lui aussi, fait une évaluation de 40 millions pour le tracé de la Roya, à une époque où les prix de main-d'œuvre étaient bien inférieurs et qu'il faudrait par conséquent augmenter aussi considérablement cette évaluation de dépense.

M. Abbo, fait observer, que ce n'est pas le syndicat qui

doit prononcer en dernier ressort sur le choix de la ligne, que ce sont les deux gouvernements qui auront à choisir; que par conséquent la mission du syndicat se borne simplement à appuyer ou recommander plutôt un tracé que l'autre. Qu'il faut donc étudier et proposer celui qui a le plus de chance de réussite.

M. Borriglione propose de clore la discussion et demande la mise aux voix de la proposition de nomination d'une Commission composée d'Ingénieurs.

M. Barbe amende la proposition pécédente, en faisant observer que l'affaire du Chemin de fer étant complexe et tenant à la foi de la question d'Art et de la question de Commerce, il propose donc que la Commission spéciale soit composée d'ingénieurs et de négociants; d'hommes d'art et d'hommes d'affaire.

M. Delestrac fait observer qu'il y a tant de difficultés d'exécution que la question technique doit primer toutes les autres, et que les intérêts commerciaux sont aux extrémités seulement.

M. Navello dit qu'il croit qu'il vaut mieux que la Commission ne s'occupe que de la question technique et qu'ensuite on discutera les intérêts commerciaux. Il propose de nommer membres de la Commission les 6 ingénieurs présents.

M. Abbo, demande quel est le but que se propose le syndicat après le rapport de la Commission. Il lui est répondu que le but sera de proposer le tracé au Gouvernement.

M. Borriglione dit qu'il ne faut pas préjuger la question et que, pour le moment, il croit qu'il n'y a que des études à faire. Ensuite le syndicat donnera son avis après discussion du rapport de la Commission,

M. Durandy, au sujet de l'amendement de M. Barbe, croit que la question Commerciale reste toujours la même et que les tracés seuls peuvent changer.

M. Barbe ne croit pas que la question commerciale soit secondaire, et dit que dans bien des cas, la question commerciale a fait adopter un tracé plus long, plus coûteux et plus difficile. C'est pourquoi il maintient son amendement. Quand à la question de fond des tracés, il croit qu'il ne faut pas compliquer la question de la ligne de Grenoble par Digne, qu'il faut songer à avoir le plus vite possible des communications avec le Piémont pour en tirer nos denrées alimentaires et pour y écouler les produits de notre sol. Que, pour ce qui a trait au développement du commerce de Nice, il croit que Nice sera toujours la véritable tête de ligne, quel que fut le tracé, mais que pour lui l'importance commerciale du tracé lui faisait maintenir son amendement.

M. Lefèvre soutient que la ligne de Grenoble doit être prise en considération, et que l'encombrement actuel du chemin de Marseille à Lyon a bien prouvé combien cette ligne aurait été utile, que des capitalistes pensent déjà à entreprendre le tronçon de Digne à Grenoble. D'ailleurs, la ligne de la Vésubie a encore l'avantage d'être vraiment internationale, puisqu'elle est moitié en France, moitié en Italie, départementale car elle dessert les 3/4 du département, et militaire, ce qui pourrait faire de Nice et Villefranche des ports maritimes.

M. le député Piccon reconnaît que la ligne de la Vésubie est une ligne stratégique, mais il faut observer que la ligne de Sospel présente les mêmes avantages.

M. Navello rappelle sa proposition et demande la mise aux voix.

M. Barbe maintient son amendement et demande un rapport complexe.

M. Durandy croit que la Commission ne doit que remettre un rapport technique.

M. Bergondi appuye M. Barbe et dit que le Syndicat doit s'entourer de toutes les informations utiles à la cause. Il croit que la Commission doit être un diminutif du Syndicat et être composée comme le Syndicat lui-même; il se rallie donc entièrement à l'amendement Barbe, et veut un rapport complexe et d'ensemble.

M. Borriglione maintient qu'il n'y a lieu pour le moment

que de s'occuper de l'étude des tracés, qu'ensuite le Syndicat discutera en séance les avantages commerciaux des uns et des autres.

M. Barbe croit que cette méthode entraînera des longueurs.

Le Président met aux voix l'amendement de M. Barbe; il est repoussé.

Le Président met aux voix la proposition Navello, tendant à nommer membres de la Commission les six ingénieurs qui font partie du Syndicat.

Sont nommés membres de la Commission:

MM. Lefèvre.
Delestrac.
Gayet.
Durandy.
Piccon.
Defly.

MM. Raynaud et Abbo font observer, que si la Commission avait quelques dépenses à faire, ils espéraient que la Municipalité et la Chambre de Commerce pourraient subvenir à ces dépenses, mais qu'il faut faire les choses avec la plus grande économie.

Monsieur le Président propose au Syndicat de s'adjoindre quelques membres du Conseil Général du Var. La proposition est adoptée et M. le Président est chargé d'écrire au Président de la Commission permanante pour lui demander de bien vouloir désigner quelques membres que l'on inviterait à faire partie du Syndicat.

M. Abbo propose que le Syndicat fasse suivre les demandes de la Municipalité et de la Chambre de Commerce, d'une demande du Syndicat dans le but d'attirer l'attention du Gouvernement sur la nécessité d'établir un chemin de fer de Nice à Coni et en même temps, de proposer l'insertion au procès-verbal de la prière faite aux députés du département d'appuyer cette demande auprès du Gouvernement.

Ces deux propositions sont adoptées.

M. Lefèvre propose d'adjoindre à cette demande la ligne de Digne à Nice; après discussion la proposition est adoptée.

MM. les Députés présents offrent de remettre eux-mêmes la demande à M. le Président de la République.

Le Syndicat accepte la proposition en remerciant Messieurs les Députés.

La Séance est levée à 6 heures.

Le Président : AUGUSTE RAYNAUD.

Le Secrétaire : DIEUDÉ DEFLY.

# Syndicat du Chemin de Fer de Nice à Coni

## COMMISSION TECHNIQUE

*Procès-verbal de la Séance du 2 Janvier 1873*

La Séance est ouverte à 2 heures 1/2. Sont présents MM. Auguste Raynaud, Maire de Nice et Président du Syndicat, Delestrac, Gayet, Piccon, Durandy et Dieudè-Defly, remplissant les fonctions de secrétaire.

M. Raynaud annonce à la Commission que les travaux de percement du Col de Tende, pour la voie charretière, étant sur le point d'être mis en adjudication par le Gouvernement Italien, il croit qu'il serait utile d'éveiller l'attention des deux Gouvernements, sur l'importance de l'établissement d'un chemin de fer de Nice à Coni, avant que l'entreprise du percement charretier ne fut concédée. Il a cru, par conséquent, devoir convoquer la Commission, et lui demander de le mettre à même de réunir au plus tôt le Syndicat, pour pouvoir faire les démarches nécessaires. M. Durandy a d'ailleurs préparé un travail très-important et très-complet sur la question et va le soumettre à la Commission.

Monsieur Durandy donne lecture de son rapport.

Après lecture, M. l'Ingénieur Piccon déclare que tout en félicitant M. Durandy du travail qu'il vient de lire, il ne peut partager sa manière de voir sur quelques détails et sur les frais de construction de l'avant projet qu'il avait lui-même publié en Avril 1872 ; qu'il ne veut pas ici faire de discussion puisqu'il se trouve d'accord avec M. Durandy sur le choix du tracé à adopter, et que les traversées des Cols de Tende et de Méras devront être l'objet de l'attention toute particulière des ingénieurs qui seront spécialement chargés par le Gouvernement des études de la ligne.

La Commission, après en avoir délibéré, déclare qu'elle adopte les vues exprimées dans le rapport de M. Durandy, et décide de présenter le rapport au Syndicat, afin qu'il soit soumis à son examen, puis transmis au Gouvernement, avec prière de faire examiner la question au plus tôt par les Ingénieurs de l'État.

La Séance est levée à 6 heures, après lecture et approbation du présent procès-verbal.

*Signé :* Auguste Raynaud, Président.

A. Dieude-Defly, Secrétaire.

# RAPPORT

DE

# M. L'INGÉNIEUR DURANDY

L'idée d'une communication par voie ferrée entre Nice et Coni a été mise en avant depuis bientôt vingt ans et, malgré les difficultés considérables que présente la chaîne des Alpes et en dépit de plusieurs circonstances défavorables, cette idée n'a jamais été complètement abandonnée. C'est là un fait digne de remarque, et qu'expliquent les nombreux et importants intérêts qui recommandent, des deux côtés des Alpes, l'entreprise dont il s'agit.

Nous avons eu les projets Petit-Nispel, Cerrotti, Agudio, Lefèvre, Piccon, Cacciardi, de Vautheleret, qui nous ont indiqué des solutions différentes du problème, et le moment nous paraît opportun pour étudier cette importante question qui préoccupe, à juste raison, l'opinion publique des deux côtés des Alpes. Je dirai même qu'il y a urgence, parce que la province de Coni, désespérant d'avoir jamais une voie ferrée directe avec la mer, a demandé et obtenu l'exécution d'un tunnel au Col de Tende, devant servir uniquement pour une voie charretière.

Si ce projet était mis à exécution, il serait bien difficile plus tard de faire adopter une autre solution plus avantageuse.

Les études faites jusqu'à ce jour n'ont jamais été complètes, sauf celles de M. Cerroti par la vallée de la Roya ; néanmoins en résumant et en complétant ce qui a été fait jusqu'aujourd'hui, nous avons pu réunir les éléments nécessaires pour établir un parallèle entre les différentes lignes.

Mais avant d'aborder cet examen, il y a une question qui doit primer toutes les autres, savoir : si une voie ferrée de Nice à Coni présente les éléments nécessaires pour justifier une dépense aussi importante ; en cas contraire, tous nos efforts seraient inutiles, et il serait mieux d'abandonner cette idée pour nous préoccuper d'autres questions plus pratiques.

Mon rapport devra, dans cet ordre d'idées, comprendre deux parties bien différentes : dans la première, il faudra étudier la question d'un chemin de fer de Nice à Coni, au point de vue commercial et dans la seconde, au point de vue technique.

Dans la première partie, je dois faire voir l'importance au point de vue commercial de cette ligne, et démontrer qu'elle doit être la grande voie de communication entre le midi de la France et de l'Espagne, avec la haute Italie et une partie de la Suisse.

Dans la seconde partie, je rechercherai pour chaque vallée, quel est le tracé le plus convenable et ensuite, j'établirai un parallèle entre ces différentes lignes, aux deux points de vue de la dépense de construction et de l'exploitation. Ce parallèle nous indiquera quelle est la ligne qui doit être préférée aux autres.

Comme conclusion, j'exposerai la voie à suivre pour arriver à un résultat.

# Ire PARTIE

## § I.

### Importance d'une voie ferrée entre Nice et Coni.

L'importance d'une communication directe entre Nice et Coni a été telle de tout temps, que déjà au dix-septième siècle, elle avait provoqué la construction d'une des premières et des plus coûteuses routes de cette époque, et avait donné lieu à un projet du percement du col de Tende qui, dans ce temps-là, pouvait être considéré comme plus hardi, que de nos jours ne l'a été le percement du Mont-Cenis. Ce projet d'un tunnel ayant une longueur, approchant de trois kilomètres, eut même un commencement d'exécution sur 164 mètres de longueur ; plus tard, sous le premier Empire, on reprit ce projet, et l'année dernière (deux siècles après le premier projet) le Gouvernement Italien par une loi a assuré l'exécution de cet ouvrage.

L'ouverture d'une route des plus difficiles et des plus coûteuses; l'idée émise d'un souterrain sous le Col de Tende, il y a deux siècles, et poursuivie depuis cette époque; l'exécution de la route de la Roya jusque à Vintimille (1), pour le service d'une simple voie charretière, nous donnent déjà une mesure de l'importance d'une communication directe entre Nice et Coni.

Lorsqu'apparut, avec le rail-way, un moyen de communication qui surpasse infiniment les meilleures chaussées, on

(1) L'ouverture complète de cette route coûtera un million et demi.

pensa de suite à une voie ferrée entre Nice et Coni ; et depuis vingt ans les villes et les provinces intéressées ont fait des sacrifices considérables pour obtenir ce résultat.

En suivant les délibérations des Conseils des villes de Coni, de Saluzzo, de Nice, des départements des Alpes-Maritimes, du Var et des provinces de Coni et de Saluzzo, on trouve toujours cette préoccupation et ce désir de voir établir cette voie ferrée.

M. de Cavour, dont l'autorité ne sera contestée par personne, s'exprimait ainsi dans le parlement Italien, au sujet de ce chemin: «Il désirait que le Gouvernement pût mettre la « main à cette grande (*grandiosa*) entreprise et d'une uti- « lité incontestable, soit pour Nice et le Comté, soit pour le « bassin du haut-Pô et du haut-Tanaro; que cette entre- « prise est rendue plus facile par la réunion de Nice à la « France, parce que ce Gouvernement devra concourir pour « une large part à son exécution.

« Que la France y avait intérêt, puisque par ce moyen elle « donnerait un débouché aux produits de Nice et de la Pro- « vence dans la vallée du Pô, et faciliterait l'acquisition des « nombreux produits que ces pays retirent de la Vallée du « Pô; que le Gouvernement ne pouvait s'engager à s'occuper « immédiatement de cette affaire, mais qu' en temps oppor- « tun il ne pouvait y avoir de doute que ceux qui seraient « au pouvoir, s'en seraient préoccupés. (1) »

---

(1) Desiderava che il governo potesse pòr mano a quest' impresa grandiosa, e di non dubbia utilità sia per Nizza e la Contea, sia pel bacino dell'alto Po e dell'alto Tanaro.

Che tal cosa sarebbe forse resa più facile dalla riunione di Nizza alla Francia giacchè il Governo dovrebbe concorrere ed in larga parte alla sua esecuzione.

Che la Francia vi avrebbe interesse poichè in tal guisa procurerebbe sfogo ai prodotti della Contea di Nizza e della Provenza nella valle del Po, e viceversa faciliterebbe l'acquisto delle numerose derrate che le località ora menzionate ritraggono dal Po.

Che il Governo non poteva prendere impegno di occuparsi immediatamente di quella pratica, ma che a tempo opportuno non dubitava che chi sarebbe al potere si preoccuperebbe dell'impresa.

Toutes les fois qu'on a étudié cette question, on l'a toujours fait, à mon avis, à un point de vue trop limité ; on s'est exclusivement préoccupé de l'intérêt local des deux villes extrêmes, Nice et Coni et des populations traversées.

La question réduite à ces proportions modestes, n'aurait aucune chance de réussite, parce que dans ces limites les besoins à desservir et les avantages à retirer ne pourront jamais justifier l'emploi de capitaux aussi considérables que ceux qui sont nécessaires pour une voie ferrée à travers les Alpes.

Si on veut justifier l'utilité de cette entreprise, il faut élargir la question et la porter sur un terrain beaucoup plus vaste, car jamais on ne pourra obtenir des deux Gouvernements, une subvention importante et indispensable, si on présente ce chemin comme ne devant satisfaire qu'à un intérêt local.

Dans cet ordre d'idées, je démontrerai dans le chapître suivant que le chemin direct de Nice à Coni est la véritable voie de communication entre le midi de la France et de l'Espagne avec la haute Italie et une partie de la Suisse. Si on admet, pour un instant, cette donnée, on verra de suite s'agrandir le rayon d'action de cette ligne.

Nous savons tous combien l'industrie, la civilisation et le bien-être des populations s'élèvent dans une proportion considérable avec l'échange des marchandises et la circulation des personnes, que le trafic en général est favorisé par les voies ferrées ; mais cette influence est d'autant plus puissante que les pays, qu'il s'agit de mettre en communication, possèdent des produits plus variés, comme dans notre cas : Nice, la Provence et en général le midi de la France et de l'Espagne, ont des produits agricoles très-variés et bien différents de ceux la de haute Italie, de la Suisse et de l'Allemagne du Sud ; aussi une voie qui mettrait ces pays en communication directe, rendrait de très-grands services. En dehors des produits agricoles, le département du Var et celui des Bouches-du-Rhône ont une industrie et un commerce florissants, qui trouveront un débouché important dans la haute Italie.

Toutes les populations du littoral entre Vintimille et Marseille sont forcées de faire venir du Piémont, la plus grande partie des denrées alimentaires et, la voie la plus directe et la plus économique, serait la ligne de Nice à Coni. La statistique de la Douane du Fontan, de l'année 1871 (1), nous donne une idée de l'importance de cet échange de produits ; et lorsqu'on sait à travers quelles difficultés, pour les passages des cols de Tende, de Brouis et Braüs, ce mouvement a lieu, on peut facilement se former une idée de l'importance du trafic qui s'établira lorsqu'on remplacera la voie charretière, presque impraticable pendant une bonne partie de l'année, par une voie ferrée, facile et directe.

---

| | | | |
|---|---|---|---|
| (1) Chevaux et mulets | Têtes | 107 | |
| Bœufs et vaches | » | 25,032 | |
| Veaux | » | 13,934 | |
| Moutons | » | 52,856 | |
| Porcs | » | 11,117 | |
| Viande fraîche | | Kilog. | 188,148 |
| Viande salée | | » | 3,202 |
| OEufs et volaille | | » | 1,005;785 |
| Fromage | | » | 35,814 |
| Beurre | | » | 64,644 |
| Céréales et farine | | » | 218,196 |
| Riz et graines | | » | 47,535 |
| Légumes secs et leur farine | | » | 42,084 |
| Fruits frais et autres | | » | 468,767 |
| Bois à construire | | » | 7,036 |
| Merrains | | » | 3,120 |
| Chanvre, etc. | | » | 3,524 |
| Son | | » | 3,620 |
| Vins ordinaires en fût | | » | 18,984 |
| Autres marchandises | | » | 3,258 |

L'importation à la même douane a donné un tonnage de 1,281,619 kilog. en 1871 et 1,114,560 kil. en 1869.

Si on se place au point de vue des intérêts spéciaux de la ville de Nice, cette communication directe avec Coni prend une importance exceptionnelle.

On sait que la ville de Nice est forcée de faire venir du Piémont toutes les denrées alimentaires, sauf le vin et le blé. Dans la saison d'hiver, qui est précisément celle pendant laquelle les besoins sont le plus importants, à cause des étrangers, les transports par la voie charretière de Tende sont excessivement difficiles et couteux, et il arrive souvent que pendant plusieurs jours ils deviennent impossibles ; aussi à cette époque de l'année, les prix des denrées s'élèvent considérablement, à tel point que la vie y devient excessivement chère. Cet inconvénient tend à augmenter tous les jours parceque les bestiaux du Piémont passent par le Mont-Cenis pour aller dans le centre de la France. Il ne faut pas se faire illusion, cette augmentation à Nice dans le prix des denrées, présente des dangers graves pour la prospérité de cette ville, parcequ'elle peut contribuer à éloigner de ce pays une bonne partie de la Colonie étrangère qui en fait la fortune.

En dehors de l'élévation du prix, nous avons un autre inconvénient : la difficulté et quelquefois l'impossibilité d'approvisionnement par le col de Tende, est cause que ces denrées arrivent à Nice dans de mauvaises conditions, après un voyage long et pénible et, comme la colonie étrangère de Nice est composée en grande partie de familles très-riches, habituées à des produits de première qualité, il en résulte des plaintes justifiées; aussi, ouvrir une voie directe de Coni à Nice ne représente pas seulement pour cette ville la vie à meilleur marché, mais assure sa prospérité comme station d'hiver.

Le grand progrès dans la prospérité des villes du littoral de la Méditerranée, est dû à l'augmentation de la fortune publique en Europe et à la construction de cet immense réseau de chemins de fer, qui rendent les voyages faciles et moins dispendieux. Toutes les fois qu'on ouvrira une voie ferrée qui facilitera l'arrivée à Nice aux nombreuses populations du centre et du nord de l'Europe, on augmentera indirectement la prospérité de Nice et des autres villes du littoral.

La voie ferrée directe entre Nice et Coni se trouve précisément dans ces conditions.

Tous les étrangers qui viendront de la Suisse et de l'Europe centrale suivront cette voie. En effet, en prenant comme point de passage à l'Ouest, Genève, on trouve que la distance entre Nice et Genève en passant par Coni et le Mont-Cenis est de 504 kilomètres, tandis qu'en passant par Marseille et Lyon cette distance est de 746 kilomètres, de sorte que les étrangers venant de Genève à Nice ou bien allant de Nice à Genève, économiseront un parcours de 242 kilomètres ; cette différence augmentera encore lorsqu'on aura construit, en Piémont, la ligne de Coni à Saluces et Avigliana ; dans ce cas l'économie sera de 272 kilomètres.

Pour les étrangers qui se dirigent du côté de la Suisse centrale et de l'Allemagne du Sud, en passant par le Saint-Gothard le Brenner, le Semmering, le point de passage commun est Milan. La distance entre Nice et Milan par Gênes est de 365 kilomètres; en passant par Coni et Turin (ligne directe) la distance sera de 346 kilomètres avec une économie de 19 kilomètres.

Les voyageurs allant de Nice à Paris, ou bien de Paris venant à Nice, trouveront aussi une économie sensible dans le parcours.

La distance de Nice à Paris par Marseille et Lyon est de 1089 kilomètres ; par Coni et le Mont-Cenis elle serait de 997 kilomètres, et après la construction du chemin de Cuneo, Saluzzo et Avigliana de 967 ; de sorte qu'on aura une économie de parcours de 92 kilomètres, dans le premier cas, et de 122 kilomètres, dans le second.

On voit clairement que le chemin direct de Nice à Coni

sera la voie la plus courte pour les voyageurs, soit qu'ils se dirigent du côté de Paris, soit du côté de l'Allemagne et de la Suisse en passant par Milan et Genève.

Nous verrons plus loin que cette même ligne est la voie la plus directe pour Marseille et, partant, pour le Midi de la France, pour se rendre dans la haute Italie et l'Allemagne du Sud.

La ville de Nice doit retirer de la construction de ce chemin de fer un autre avantage aussi important ; son port deviendrait tête d'une ligne d'approvisionnement d'une partie du Piémont.

Avant la construction du chemin de fer de Gênes à Turin, et la suppression des droits différentiels au Col de Tende, le port de Nice avait une grande importance comme importation en Piémont. On évalue les marchandises qui passaient par le col de Tende à cette époque à 22000 tonnes, ce qui constitue un mouvement exceptionnel pour ce temps.

Voyons si, en exécutant un chemin de fer direct de Nice à Coni, on peut faire revivre ce commerce.

Les ports d'approvisionnement du Piémont dans ce moment sont Gênes et Savone.

Sans la construction du chemin de fer de Savone à Turin, une partie très-importante du Piémont aurait trouvé un avantage sensible à venir à Nice plutôt qu'à Gênes, parce que le parcours aurait été beaucoup plus court ; depuis que ce chemin est construit et dont l'exploitation aura lieu très-prochainement, la position a changé et c'est avec Savone que Nice devra lutter.

| | | |
|---|---|---|
| Turin se trouvera | à 153 kilomètres | de Savone |
| | à 196 k. | de Nice |
| Coni est | à 127 k. | de Savone |
| | à 108 k. | de Nice |

| | | |
|---|---|---|
| Saluces est | à 132 k. | de Savone |
| | à 138 k. | de Nice (1) |
| Pignerol est | à 191 k. | de Savone |
| | à 183 k. | de Nice (2) |

Comme on voit par ce parallèle pour ces quatre provinces du Piémont, il n'y a pas une grande différence entre Savone et Nice. Mais si on ouvrait la ligne directe de Coni à Bastia, Savone aurait un avantage sur Nice de 16 kilomètres.

Cet examen met en évidence deux faits dont il faut tenir compte : d'abord que dans l'intérêt de Nice, la ligne entre cette ville et Coni doit être la plus courte possible, afin de pouvoir lutter avec Savone, l'autre, qu'il y a en Piémont une zône assez importante, dont la population peut être évaluée à un million d'habitants, et qui se trouve aussi bien dans le rayon d'action du port de Savone que de celui de Nice.

La différence de parcours de quelques kilomètres sur des marchandises de valeur, comme sont celles que le Piémont doit tirer du port de Nice, ne peut avoir une influence décisive en faveur du port de Savone, et on peut dire que si le chemin de fer direct de Nice à Coni était construit, Nice pourrait être un des ports d'approvisionnement et d'exportation d'une partie importante du Piémont, et que cela dépendrait de l'esprit commercial de sa population. Si Savone possède des armateurs intelligents et hardis, ce qui malheureusement manque à Nice, malgré cette belle plage qui pourrait être convertie en un vaste chantier de construction, d'un autre côté les relations commerciales entre Nice la Pro-

(1) Lorsque la ligne directe de Saluces à Coni sera exécutée.

(2) La ligne de Pinerolo, Saluces et Coni exécutée.

vence et Coni sont bien plus importantes qu'avec Savone. (1) Nous formons le débouché le plus précieux pour les provinces de Coni, Saluces, Pinerol, aussi ces populations seront portées à demander à notre ville les produits dont elles ont besoin, en échange des denrées qu'elles nous enverront en abondance (2). La Compagnie même du chemin de fer qui exploitera cette voie aura tout intérêt à favoriser ce mouvement d'exportation, en baissant les tarifs, afin d'équilibrer autant que possible le mouvement des trains, et pour ne pas être forcée à remonter des wagons vides.

Lorsque la ligne du Saint-Gothard sera ouverte, le port de Gênes aura un avantage considérable sur Marseille pour toute la partie orientale de la Suisse, et pour le commerce de transit par le lac de Constance. Le port de Nice, sans vou-

---

(1) Le rapport de M. Rib·ri, ancien député de la province de Coni, s'exprime assez nettement.

« On nous admettra facilement que ce n'est pas à Savone que nous « enverrons nos produits... ils arriveront à Savone pour être ensuite « dirigés sur Nice par la ligne du littoral et dans le midi de la « France.

« A ceux qui pourraient mettre en doute ce que nous affirmons « nous posons cette simple demande : les produits de notre agricul- « ture ont-ils eu leur débouché à Savone ou dans la Provence ? Ce- « pendant il n'y avait pas plus de difficulté de les porter à Savone « qu'à Nice, au contraire en tenant compte des trois cols à traverser, « qui rendaient le transport si coûteux, plus facile était la voie de « Savone, d'où ils auraient pu être dirigés sur d'autres points. D'où « il faut déduire que ce n'est par Savone qui forme notre débouché « naturel, et que ce n'est pas du port de cette ville que nos produits « doivent aller dans le midi de la France.

« Ajoutons qu'il est bien difficile de rompre des relations commer- « ciales qui existent depuis longtemps et on ne pourra pas mettre en « doute que de tout temps plusieurs de nos commerçants ont eu de « nombreuses relations de commerce avec Marseille. »

(2) On a la preuve de ce fait dans les délibérations du Conseil Provincial de Coni qui a préféré demander au Gouvernement le percement du Col de Tende devant servir pour une voie charretière qui rapproche cette province de Nice, plutôt que le chemin de fer direct de Coni à Bastia qui lui ferait économiser 38 kilomètres pour aller à Savone.

loir lutter avec Gênes, sera cependant le port français le plus rapproché pour le Commerce de la Suisse et de l'Allemagne du sud. Le parallèle suivant, des distances entre Marseille et Nice et les principaux centres de la Suisse, l'indique assez clairement. On a supposé la ligne directe de Coni à Avigliana construite.

| | | | |
|---|---|---|---|
| BALE | distance de Marseille par Genève | *kilom.* | 771 |
| | » de Nice par le St-Gothard | » | 688 |
| | Avantage pour Nice | » | 83 |
| BERNE | distance de Marseille | *kilom.* | 677 |
| | » de Nice par le Mont-Cenis | » | 639 |
| | Avantage pour Nice | » | 38 |
| GENÈVE | distance de Marseille | *kilom.* | 512 |
| | » de Nice par le Mont-Cenis | » | 474 |
| | Avantage pour Nice | » | 38 |
| GLARIS | distance de Marseille | *kilom.* | 880 |
| | » de Nice par le St-Gothard | » | 700 |
| | Avantage pour Nice | » | 180 |
| LAUSANNE | distance de Marseille | *kilom.* | 579 |
| | » de Nice par le Mont-Cenis | » | 541 |
| | Avantage pour Nice | » | 38 |
| LUCERNE | distance de Marseille | *kilom.* | 769 |
| | » de Nice par le St-Gothard | » | 592 |
| | Avantage pour Nice | » | 177 |
| NEUFCHATEL | distance de Marseille | *kilom.* | 642 |
| | » de Nice par le Mont-Cenis | » | 604 |
| | Avantage pour Nice | » | 38 |
| SCHAFFOUSE | distance de Marseille | *kilom.* | 830 |
| | » de Nice par le St-Gothard | » | 680 |
| | Avantage pour Nice | » | 150 |

| | | | |
|---|---|---|---|
| SAINT-GALL | distance de Marseille | *kilom.* | 887 |
| | » de Nice par le St-Gothard | » | 706 |
| | Avantage pour Nice | » | 181 |
| WINTERTHUR | distance de Marseille | *kilom.* | 829 |
| | » de Nice par le St-Gothard | » | 739 |
| | Avantage pour Nice | » | 90 |
| ZURICH . . . | distance de Marseille | *kilom.* | 802 |
| | » de Nice par le St-Gothard | » | 622 |
| | Avantage pour Nice | » | 180 |

Ainsi, tous les grands centres de la Suisse sont beaucoup plus rapprochés du port de Nice que de celui de Marseille.

Les distances avec Zurich et Saint-Gall nous indiquent aussi que tout le Commerce de transit pour l'Allemagne du Sud, et passant par le lac de Constance, aurait à Nice un port plus rapproché que celui de Marseille.

Gênes qui dans ce moment a un avantage sur Marseille de 38 kilomètres pour Genève, en passant par le Mont-Cenis, après la construction de la ligne de Nice à Coni n'aurait plus que 30 kilomètres de différence avec Nice et, le chemin de Coni à Avigliana ouvert, cette différence serait complètement annulée.

## § II.

**La ligne directe de Nice à Coni est la voie la plus courte entre le midi de la France, de l'Espagne avec l'Italie du Nord et une partie de la Suisse.**

Entre le Mont-Cenis et la ligne du littoral de Gênes, il y a une distance de 160 kilomètres environ complètement bouchée par les Alpes.

La ligne du Mont-Cenis ne dessert que le centre et le Nord de la France.

La ligne du Littoral de Gênes fait un détour trop long à Gênes, pour aller dans l'Italie du Nord.

Plusieurs lignes ont été proposées pour combler cette lacune; parmi toutes ces lignes quelle est la meilleure ?

La question ainsi posée, on voit de suite qu'elle s'agrandit, et que, dans cette étude, aux quatre lignes rivales des Alpes-Maritimes, il faut aussi joindre celles qui ont été proposées dans les basses et les hautes Alpes, en commençant du Colde l'Échelle jusqu'au Col de Tende.

Pour établir un parallèle entre toutes ces lignes, il faut prendre, comme l'a fait M. Hoslin, Ingénieur en chef du Contrôle, dans son rapport sur les chemins de fer des Alpes, en date du 22 février 1872, les deux points principaux des deux zônes à desservir : Marseille et Turin.

Les distances entre ces deux villes sont les suivantes pour les différents tracés proposés :

| | | |
|---|---|---|
| 1. Par Valence, Grenoble et le Mont-Cenis | Kilomètres | 595 |
| 2. Par Sisteron, Grenoble et le Mont-Cenis | » | 540 |
| 3. Par Toulon, Nice et Sospel et Col de Tende | » | 421 |
| 4. Par Gardanne, Nice, Sospel et col de Tende | » | 411 |
| 5. Par Sisteron, Veynes, Gap et le Col de l'Echelle | » | 416 |
| 6. Par Sisteron, la Vallée de la Durance et le Col de l'Echelle | » | 381 |
| 7. Par Sisteron, la Vallée de la Durance, la Vallée du Gai et Pignerol | « | 350 |

Parmi les nouvelles lignes indiquées qui se trouvent dans les Hautes et les Basses-Alpes, le Gouvernement et la Compagnie Paris-Lyon et Méditerranée, ont donné la préférence à la ligne par Sisteron, Veynes, Gap et le Col de l'Echelle; c'est donc entre cette ligne et les tracés qui se trouvent dans les Alpes-Maritimes que nous devons établir le parallèle.

L'étude des projets dans les Alpes-Maritimes, nous conduira à donner la préférence à celui qui passe par Sospel et Tende.

La ligne par le col de l'Echelle, a un avantage sur celle par Nice Sospel et Tende de cinq kilomètres. Cette différence n'a aucune importance pour des distances aussi considérables; aussi, sous le rapport de la longueur du parcours, nous pouvons les considérer comme égales.

Ce qui doit décider la question, c'est de voir parmi ces deux lignes celle qui dessert les plus grands intérêts.

Marseille et toute la ligne du Midi jusque à Perpignan, ainsi que le midi de l'Espagne, sont indifférents dans le choix, puisque la distance à partir de Marseille pour se rendre dans la Haute Italie est, à peu de chose près, égale pour les deux directions.

Voyons maintenant les deux zônes qui doivent profiter tout spécialement des deux lignes.

Le tracé par le col de l'Echelle desservira toute la vallée de la Durance, tandis que la ligne par Nice, le Col de Tende et Coni servira à toute la zône du littoral, comprise entre Marseille et Vintimille, de sorte que d'un côté on aura les départements des basses et hautes Alpes, et de l'autre le département du Var et celui des Alpes-Maritimes.

M. Horlin a parfaitement raison lorsqu'il dit que « le « département des Alpes-Maritimes, et la presque totalité du « département du Var, sont désintéressés dans la question « d'établissement d'un chemin de fer par la Vallée de la Du- « rance. Leurs relations avec la Haute Italie doivent avoir « lieu par le col de Tende. Ces deux départements ont le plus « vif désir de voir exécuter une voie ferrée par cette direction « ou par tout autre direction analogue. »

Si on devait faire deux chemins de fer dans les Alpes, un pour desservir la vallée de la Durance, et l'autre le littoral de la Mediterranée, nous n'aurions rien à dire, tous les intérêts seraient complètement satisfaits; mais en présence des grandes dépenses à faire pour ouvrir ces chemins à travers les Alpes, il ne faut pas compter sur cette solution, et si on doit se limiter à en construire un seul, voyons quel est celui qui doit avoir la préférence?

Les produits de la Vallée de la Durance ne diffèrent guère de ceux du Piémont, de sorte que l'échange entre ces deux pays ne peut acquérir aucune importance. Les habitants de cette vallée peuvent parfaitement se passer, comme ils l'ont fait jusqu' à présent, des produits du Piémont, et la ligne du Mont-Cenis par Gap et Grenoble n'est pas bien éloignée, et peut suffire à tous les besoins de cette vallée.

Par contre, la zône du littoral comprise entre Marseille et Vintimille ne peut se passer des produits du Piémont; l'échange entre ces deux régions est forcé; aussi de tout temps, malgré les grandes difficultés de communications, le commerce entre la Provence et le Piémont a toujours été très important; les populations des provinces de Coni, de Pignerol et de Saluces savent parfaitement que leur plus précieux débouché se trouve dans notre zône, aussi toutes leurs aspirations sont de ce côté.

Si nous examinons cette question au point de vue des voyageurs, il est facile de voir qu'entre la Durance et le Piémont, le mouvement ne peut être que de peu d'importance, parce qu'il ne peut y avoir de commerce entre des pays dont les produits sont similaires; tandis que pour la ligne du littoral nous aurons le mouvement provoqué par les relations commerciales, et ce qui est aussi très-important, le passage de cette population flottante qui, du Nord vient passer les hivers sur les bords de la Méditerranée, et retourne ensuite au printemps, en Suisse ou en Allemagne.

La ligne de la Durance n'aura pas un seul de ces voyageurs, tandis que la ligne de Nice et de Tende les aura presque tous

Ainsi la question au point de vue des intérêts français ne peut présenter de doute.

Voyons maintenant comment, sous le rapport des intérêts italiens, l'avantage est aussi évident.

Le débouché naturel des produits du Piémont est dans la Provence et non dans la vallée de la Durance.

La ligne par le col de l'Echelle va se lier avec la ligne de Mont-Cenis à Oulx, à peu de distance de Bardonnèche, descend par la vallée de la Dora, qui a déjà son chemin de fer tandis que la ligne du col de Tende dessert les vallées de la Stura, du Gesso et de la Vermegnana, fait de Coni un point important de transit et de commerce;

Au moyen de cette ligne les populations italiennes de Tende et de Briga enfermées d'un côté par les Alpes et de l'autre par la frontière française, sont mises en communication directe avec Coni, chef lieu de Province; et en même temps, la province de Port- Maurice obtient une voie plus courte et plus directe pour communiquer avec le Piémont.

*Entre la ligne de la Durance par le Col de l'Echelle et celle du Littoral par le Col de Tende, il ne peut y avoir d'hésitation; et on est forcé de reconnaître que la ligne passant par Nice et le col de Tende est la vraie voie de communication pour tout le midi de la France et de l'Espagne avec la haute Italie et la partie de la Suisse qui touche l'Italie.*

# 2<sup>me</sup> PARTIE

—

## ÉTUDE DES TRACÉS DANS LES DIFFÉRENTES VALLÉES DES ALPES-MARITIMES.

### § I.

### Étude géologique des Alpes qui se trouvent dans les Alpes-Maritimes.

Un chemin qui a pour but de mettre en communication le Midi de la France avec l'Italie du Nord, doit suivre la direction la plus directe possible ; aussi c'est à travers cette grande chaîne des Alpes qui séparent ces deux régions qu'i faut frayer la nouvelle voie.

Les Alpes, à partir du col de Tende jusqu'au col de la Madeleine, qui se trouve au fond de la vallée de la Stura, forment un groupe parfaitement distinct et fort curieux à étudier. Le centre de soulèvement de ce groupe se trouve au fond de la vallée de la Vésubie dans les cimes du Mont Gelas, Mercantour et Clapier; latéralement à ces cimes on en trouve d'autres, moins élevées et convergentes vers le centre de soulèvement.

Sous le rapport géologique les cimes les plus élevées de ce groupe sont composées de roches cristallines; au Mercantour et au Gelas on trouve les granits par grandes masses et à côté les différentes variétés de gneiss et de micaschistes.

Toute cette masse de roches cristallines présente la trace

des profonds bouleversements géologiques qui ont relevé ces montagnes, en pliant et redressant les assises des roches métamorphiques et calcaires qui les recouvraient.

Les cimes présentent des arêtes vives et pointues, dont les parois sont presque verticales.

Cet immense fouillis de pointes, de déchirures, de gorges étroites et profondes, d'immenses blocs, des escarpements déchiquetés et, plus bas, de belles forêts de mélèzes et de sapins, présente un aspect des plus sauvages, comme on n'en rencontre nulle part d'aussi remarquables dans les Alpes.

Lorsqu'on s'éloigne de la chaîne centrale, en suivant un des nombreux vallons qui se précipitent sur les deux versants, on trouve à peu de distance la limite des roches cristallines et on entre dans les terrains de transition peu développés, ensuite dans la grande formation calcaire qui arrive jusqu'à la mer du côté du Midi, et du côté Nord jusqu'à la plaine du Piémont, où elle s'enfonce sous les terrains quaternaires.

Dans la vallée de la Roya les calcaires commencent à la mer et vont jusqu'au Fontan, où on rencontre la puissante formation de grès verts; plus loin à Tende, on trouve encore des calcaires, des roches métamorphiques qui s'étendent jusqu'au bas du Col de Tende ; à moitié hauteur de cette montagne, on a les schistes argileux et les calcaires.

Dans la vallée de la Vésubie la masse calcaire arrive jusqu'au vallon de la Gordolasca sur la rive gauche, et sur la rive droite, s'avance jusqu'en amont de St. Martin ; vient ensuite une masse énorme de gneiss, qui forme la chaîne centrale, percée sur plusieurs points par les granits. En descendant dans la vallée du Gesso, qui fait suite à celle de la

Vésubie, les gneiss et les granits s'avancent jusque à St. Lorenzo sur la rive gauche,où on trouve le calcaire cristallin qui forme les carrières de marbre de St. Lorenzo, et sur la rive droite jusque à Entraques où on rencontre le calcaire ardoisier, et plus loin, la masse jurassique, qui s'étend jusqu'à Borgo St. Dalmasso.

Dans la Tinée, on passe du calcaire au grès rouge métamorphique à St. Sauveur; viennent ensuite les gneiss et les granits. Sur le versant septentrional, les calcaires commencent immédiatement sur la rive gauche de la Stura à Vinadio.

C'est dans ce massif, dont je viens d'indiquer sommairement les contours géologiques, qu'il faut ouvrir la voie ferrée de Nice à Coni.

Du côté du midi :

Trois vallées se présentent, qui nous donnent trois tracés naturels : la Roya, la Vésubie et la Tinée; du côté du Piémont il y a également trois autres vallées qui correspondent exactement aux trois que je viens d'indiquer : la Vermegnana, le Gesso et la Stura; nous avons par conséquent trois tracés : le premier par la vallée de la Roya et la Vermegnana, le second par la Vésubie et le Gesso et le troisième par la Tinée et la Stura.

Aucun de ces tracés n'aboutit directement à Nice, aussi on a cherché un quatrième tracé qui en suivant la vallée du Paillon passe dans la Beura à Sospel, et va ensuite rejoindre le tracé de la Roya à Breil.

J'indiquerai ces quatre tracés dans la discussion qui va suivre, de la manière suivante:

1° *Tracé de la Roya par Vintimille et Tende.*
2° *id. par Sospel et Tende.*
3° *tracé par la Vésubie et le Gesso.*
4° *id. par la Tinée et la Stura.*

## § II.

### Rampes et rayons de Courbure à adopter.

Avant de commencer l'examen des différentes lignes, il est nécessaire d'établir quelques principes techniques, qui rendront ce travail plus facile.

Le tracé d'un chemin de fer sous le rapport technique doit être examiné à deux points de vue : Dépense de construction et frais d'exploitation.

La dépense de construction dépend des terrains à parcourir et de la longueur de la ligne ; les frais d'exploitation sont en rapport de la longueur de la ligne, des rampes et des rayons de courbure.

On néglige souvent cette seconde partie, qui cependant est aussi importante que la première, surtout dans des pays de montagne, où il faut nécessairement adopter de fortes rampes; je dirai même que les frais d'exploitation doivent peser dans le choix d'une ligne plus que la dépense de construction, parce que ces frais persisteront dans l'avenir,et ce qui plus est, ils augmenteront avec le développement du mouvement sur la ligne; plus l'importance du chemin de fer augmentera dans l'avenir, plus sensibles seront les conséquences des frais d'exploitation.

Si l'économie est de rigueur dans la construction des voies de communication, toutes les fois qu'elle n'en compromet par l'avenir, elle serait par contre, fort blâmable si, par un intérêt du moment, on s'exposait à un préjudice grâve dans les temps futurs.

Les fortes rampes ainsi que les faibles rayons de courbure sont nécessairement une source de dépense pour l'exploitation du chemin de fer et on ne doit les admettre dans un tracé qu'autant que les dépenses des travaux d'art et de terrassement nécessaires pour les éviter sont de beaucoup plus considérables que le capital correspondant à l'augmentation des frais d'exploitation prévus, et même il faut aller plus loin: les charges imposées à la traction doivent être sensiblement inférieures à l'intérêt du capital excédant qui serait déboursé pour éviter ces rampes, parce qu'il faut tenir compte du développement progressif des chemins de fer et de l'importance que peut prendre le trafic, et qu'il serait difficile aujourd'hui d'apprécier.

On a voulu dire que les chemins de fer à fortes pentes avaient une supériorité économique sur les chemins de fer à faibles pentes, parce qu'ils rendaient les tracés plus courts.

L'expérience a prouvé que l'augmentation dans les pentes n'accroît pas autant qu'on se l'était imaginé, les frais de traction. La théorie dans cette matière, pas plus que dans beaucoup d'autres, n'a pas été complètement confirmée par la pratique ; s'il est prouvé aujourd'hui qu'on peut en raidissant les rampes obtenir une diminution sensible dans les frais de premier établissement, sans nuire à un bon service, il n'est pas moins vrai que les fortes pentes exercent une grande influence dans les frais d'exploitation.

Quelle est, sur un chemin de fer, la rampe la plus convenable pour atteindre une hauteur ?

On ne peut répondre à cette question d'une manière absolue et, pour chaque cas spécial il y a une étude à faire.

On admet aujourd'hui qu'on peut adopter des rampes qui vont jusqu'à 35 mètres par mille.

L'exploitation peut encore y être faite avec les machines locomotives à six et à huit roues couplées, mais l'ingénieur ne doit y avoir recours qu'à la dernière extrémité, et lorsque pour les éviter, il faudrait faire des dépenses qui ne seraient pas en rapport avec l'importance du trafic présumé. En effet, les frais de traction d'une tonne sur ces rampes est de francs

0,184 par kilomètre, tandis que sur les rampes de 25 par mille la dépense n'est que de fr. 0,102.

Sur les routes charretières le transport d'une tonne varie de fr. 0,20 à fr. 0,30, de sorte que sur une rampe de 35 p. 0/00 les frais en chemin de fer sont presqu'aussi élevés que sur les routes ordinaires. La moyenne du prix de transport des marchandises à petite vitesse sur les chemins de fer Français est de fr. 0,087 par tonne et par kilomètre; de sorte que sur une voie, où on aurait des pentes constantes de 35 p. 0/00, les frais d'exploitation, en montant dépasseraient, du double la recette qu'on pourrait percevoir.

Partout où on a adopté ces rampes, elles ont une longueur très limitée, relativement à l'étendue de l'entier réseau, de sorte que les Compagnies trouvent sur l'ensemble des recettes de tout le réseau, une compensation aux pertes inévitables qu'elles subissent dans les parties à fortes rampes.

On a construit depuis quelques années pour la traversée des Alpes, des chemins de fer avec de fortes rampes, qui vont jusqu'au 35 p. 0/00; ainsi, au Mont-Cenis, dans les deux chemins d'accès au tunnel de Fréjus on a adopté des rampes de 30, et plus pour mille; mais, pour les éviter, il aurait fallu avoir recours à des travaux considérables.

Dans le projet du chemin de fer du Saint-Gothard, qui va être mis à exécution, on n'a pas dépassé les rampes de 25 p. 0/00 et sur un faible parcours de 26 p. 0/00, mais, pour arriver à ce résultat, il a fallu chercher le développement qui manque dans les fonds de la vallée à parcourir au moyen de courbes en spirale dans les flancs de la montagne. On a préféré aborder les énormes dépenses que ces expédients causent plutôt que d'augmenter la raideur des rampes.

Dans tous les cas qui se présentent, on peut toujours réduire les rampes, soit en adoptant les paliers de rebroussement proposés pour le Saint-Gothard, par M. Wetl Ingénieur en chef Suisse, ou bien les rampes en cercle qui forment la base du projet de M. Koller pour le même chemin du Saint-Gothard; mais tous ces moyens, indépendamment des difficultés d'exploitation, donnent lieu à des dépenses énormes dans la construction.

Dans le cas spécial du chemin de fer de Nice à Coni, quelle est la rampe la plus convenable pour arriver au pied des Alpes ?

S'il s'agissait d'un chemin de fer d'un intérêt tout local destiné à ne desservir que les pays traversés et les deux villes terminales Coni et Nice, je serais de l'avis de ceux qui ont proposé de fortes rampes et des plans inclinés, parce que dans ce cas il faudrait réduire, autant que possible, les frais de construction, sauf à augmenter ensuite les dépenses d'exploitation; mais nous avons déjà vu précédemment que la ligne à construire était destinée à desservir des intérêts considérables, qu'elle devait être la grande voie de communication entre le midi de la France et l'Italie du Nord, et qu'elle formait l'artère la plus importante par où passeraient les flots de cette population nomade qui vient en hiver sur les bords de la Méditerranée, pour retourner ensuite en Suisse et dans l'Europe du Nord.

Si on veut que cette ligne puisse remplir complètement son but, et lutter avec la ligne Ligurienne et celle de Savone, il faut nécessairement que son tracé soit tel qu'elle puisse être facilement parcourue sur toute sa longueur par les locomotives spéciales de montagne.

Toutes les vallées qui descendent des Alpes présentent, suivant la loi générale des rivières, une pente assez douce à l'embouchure, et l'inclinaison se prononce davantage à mesure qu'on se rapproche du faîte ; aux abords des Alpes cette pente arrive au 5 et même au 10 p. 0/0.

Les versants des vallées étant coupés par de profonds ravins,il conviendra pour diminuer l'importance des ouvrages d'art qui doivent les traverser, de rester autant que possible dans le fond de la vallée; cependant,à mesure qu'on s'avance vers les Alpes, pour ne pas avoir de tunnel excessivement long, il faut abandonner le thalweg afin d'atteindre le pied de la chaîne.

La pente du 25 p. 0[00 a été adoptée sur plusieurs tracés qui se trouvent dans les mêmes conditions, entr'autres dans le chemin de Bologne à Pistoja à travers les Appennins. L'exploitation a lieu sur cette ligne, avec régularité, au moyen de locomotives à huit roues couplées, système Beugniot, pour les marchandises, à six roues couplées pour les trains de voyageurs, et les frais ne dépassent pas le 55 p. 0[0 de la recette brute. On peut donc adopter ces rampes sans hésitation ainsi qu'on l'a fait au St-Gothard et au Semmering. (1) On pourra même, dans quelques parties du chemin,sur de courts parcours dépasser cette pente, sans cependant aller au delà du 30 p. 0[00.

Les ingénieurs les plus compétents qui ont étudié les tracés à travers les Alpes qui séparent la Suisse et l'Allemagne de l'Italie, ont reculé devant des rampes dépassant le 30 p. 0[00 et ils ont préféré aborder des ouvrages considérables comme des rampes en cercle ou des paliers de rebroussement : ainsi le Semmering, le Brenner, le St-Gothard, le Splugen ont été tracés avec des rampes ne dépassant pas 25 et 26 p. 0[00; d'autres tracés ont été étudiés pour le Simplon avec de plus fortes pentes,mais on y a bientôt renoncé. Au Mont-Cenis on est allé au 30 p. 0[00 entre Bussolegno et Bardonnèche.

---

(1). Dans cette ligne les frais d'exploitation sont plus élevés qu'au chemin des Appennins parce qu'on a des rayons de courbure qui descendent jusqu'à 190 m. La voie exige un entretien très coûteux,et la masse des marchandises montantes est plus considérable que celle des marchandises qui descendent.

*En restant dans les limites du 25 p. 0/00, sauf dans quelques cas particuliers, et sur de faibles parcours allant jusqu'au 30 p. 0/00, nous aurons un tracé fait suivant les règles adoptées par les hommes les plus compétents, et conforme aux résultats de l'expérience.*

En ce qui concerne les rayons de courbure, quoiqu'on ait sur quelques lignes, adopté des rayons inférieurs à 300 mètres, cependant aujourd'hui, on reconnaît généralement les inconvénients de ces tracés, et on admet comme limite inférieure les courbes de 300 mètres.

## § III.

### Conditions Climatériques des Alpes.

Quelle est la limite à laquelle il convient de s'élever pour entrer en tunnel sous les Alpes ?

Le tunnel des Alpes sera d'autant plus court qu'on aura choisi l'emplacement plus haut, par contre, la ligne sera d'autant plus longue et les difficultés de terrain ainsi que la rigueur du climat augmenteront, à mesure qu'on s'élèvera.

Cette question est très-complexe ; il faut d'abord tenir compte des conditions climatériques des Alpes dont on ne se préoccupe pas assez ; ensuite des dépenses nécessaires pour l'ouverture de longs tunnels et du temps à employer pour leur exécution.

Comme on voit cette question touche aux problèmes les plus intéressants pour un ingénieur.

Il est nécessaire de donner à cette partie du rapport un plus grand développement, parce que les idées que j'ai l'intention de soutenir ne sont pas généralement admises.

Tous les passages qui se trouvent dans la partie des Alpes qui nous occupe, sont au même degré de latitude, et coupent la crête des montagnes à peu-près dans la direction du Sud au Nord. Ils se trouvent tous, des deux côtés de la chaîne, dans des conditions parfaitement identiques, sous le rapport du climat et de l'exposition solaire.

Le col de Tende est, sans contredit, le col le moins élevé de la chaîne; vient ensuite celui de St-Anna dans la Tinée, le col de Fenêtre et celui de Frema-morta dans la Vésubie. En remontant les vallées qui vont aux Alpes, sur le versant méridional à la hauteur de 900 mètres sur le niveau de la mer, commencent les avalanches, les cônes d'éboulement et les haldes parfois très-étendues qui proviennent de la décomposition des roches sous les influences atmosphériques, et dont le nombre augmente de plus en plus, à mesure qu'on s'élève et qu'on touche aux versants de la grande chaîne.

Nous n'avons que quelques observations au col de Tende, pour connaître la hauteur de la neige dans nos Alpes, mais nous pouvons y arriver par approximation, en tenant compte des observations faites au Mont-Cenis, au Saint-Gothard, au Splugen et au Lukmanier.

Ce fait météorologique mérite qu'on le prenne en grande considération, puisqu'il constitue une des plus graves difficultés de l'exploitation d'un chemin de fer des Alpes.

Sur le versant méridional, entre Tende et le point dit Lordo, (1,100 mètres), la hauteur de la neige ne dépasse pas 0 m. 60; au sommet du col (à 1,854 mètres), elle arrive à 3 mètres; au pont du Meci (1,100 mètres) à 1 m. 80; à Limon (1,003 mètres) à 1 m. 30; à Vernante (843 mètres) à 0 m. 80.

On voit de suite que du côté du Midi, on peut aller à 1,100 mètres sans rencontrer une hauteur de neige dépassant

0 m. 60, tandis que du côté Nord, à la même hauteur, au pont du Meci, nous avons déjà 1 m. 80, et à Vernante, à 843 mètres, on a encore 0 m. 80.

Au Mont-Cenis à Bardonnèche, à la hauteur de 1,300 mètres, la neige arrive à 3 m. 50 ; à 1,500 mètres, à 4 mètres, et elle continue à augmenter dans les mêmes proportions ; au Lukmanier, à la hauteur de 1,842 mètres au mois de mars 1860, on avait 3 m. 20 de neige.

Les comptes pour l'enlèvement des neiges et pour tenir le chemin ouvert au passage des traineaux au Col de Tende nous donnent les résultats suivants :

| | | | |
|---|---|---|---|
| De Vernante (843) au pont du Meci (1,100) distance 8 kilomètres. | Dépense | Fr. | 4,800 |
| Du pont du Meci au sommet du col (1854) distance 11 kilom. | » | » | 16,200 |
| Du sommet du col à *la Ca* (1402) distance 5,100 m. | » | » | 6,770 |
| De *la Ca* au pied du col, au point dit Lordo, (1100) distance 4,400 m. | » | » | 7,580 (1) |
| Du Lordo au pont Vievóla (938) distance 2,400 mètres | » | » | 3,060 |
| Du pont Vievola à Tende (809), distance 4,500 m. | » | » | 3,700 |
| | Total | Fr. | 42,110 |

(1) Cette dépense provient en grande partie du déblai des matériaux que les orages jettent sur le chemin.

La dépense kilométrique est

| | | |
|---|---|---|
| de francs | 600 | entre Vernante et le pont du Meci. |
| » | 1,472 | du pont Meci au sommet du col. |
| » | 1,327 | du col à *la Ca*. |
| » | 1,722 | de *la Ca* au Lordo. |
| » | 1,275 | du Lordo au pont Vievola. |
| » | 922 | du pont Vievola à Tende. (1) |

Au St. Gothard, on est arrivé à des résultats un peu moins élevés que ceux que je viens d'indiquer pour le col de Tende.

| | | |
|---|---|---|
| D'Amsteg (552) à Goeschenen (1110) | Fr. | 71,27 |
| De Goeschenen à Andermutt (1440) | » | 731,11 |
| D'Andermutt à l'Hospice (2098) | » | 860,69 |
| De l'Hospice à Airolo (1158) | » | 1103,87 |

Au Splugen les travaux nécessités par la neige (dégagement de la voie des trainaux pendant l'hiver et débiai de la neige au printemps) ont donné lieu à une dépense annuelle de fr. 878,20 par kilomètre.

Les hauteurs de neige que nous venons d'indiquer, ont été mesurées sur des points placés en dehors de l'action des vents et des tourmentes, car on sait que la neige réduite en poussière par le froid, est soulevée et chassée par les vents et les tourmentes qui règnent à ces hauteurs. La neige emportée des terrains en saillie, va s'accumuler dans les endroits abrités, en masses si considérables, qu'elle nivelle et arrondit les inégalités du terrain; aussi dans les hauteurs comprises entre 1500 à 2000 mètres d'élévation, les couches de neige amoncelées par les tempêtes, ont souvent une épaisseur de 15 mètres et plus.

(1) Ces dépenses comprennent le bois de chauffage des maisons de refuge, les journaliers, la haute paye des Cantonniers pour le service de nuit, les appointements du surveillant directeur du passage, les frais de deux convois de mulets, sur les deux versants, pour ouvrir la voie.

On peut se prémunir, en partie, contre les neiges, en plaçant le chemin sur des remblais élevés et isolés, et en construisant de grands fossés de 5 à 6 mètres de largeur et d'autres ouvrages d'art; mais, dans un chemin, comme celui qui nous occupe, qui doit se développer, pour la plus grande partie, en suivant les flancs abrupts de la montagne, où les remblais et les déblais se succèdent sans interruption, l'établissement des moyens de défense sera très-difficile et très-coûteux et, à partir d'une certaine hauteur, presque impossible; de sorte qu'il faudra nécessairement en arriver à déblayer la voie à la main, pendant cinq ou six mois, en faisant travailler une masse de journaliers au milieu de la neige et des tempêtes qui se succèdent pendant des semaines entières.

En dehors de la masse de neige qui peut s'amonceler sur la voie à ces hauteurs, nous avons dans nos Alpes, un autre inconvénient encore plus grâve: je veux parler des avalanches, dont les auteurs de plusieurs projets ne se sont pas préoccupés.

En amont de Tende, il y a à craindre des avalanches, au Lordo, à la *punta*, et à proximité de la maison de refuge ; sur le versant Nord, on a une avalanche assez considérable entre Limone et Vernante, mais, dans cette direction les endroits exposés sont parfaitement connus et le nombre n'en est pas grand.

Dans la vallée de la Vésubie nous avons quelques avalanches assez importantes entre Saint-Martin-Lantosque et le pied des Alpes, mais elles ne sont pas nombreuses, parce que les versants sont assez bien boisés.

Sur les versants Nord, le long de la vallée du Gesso, à partir du pied des Alpes jusqu'aux bains de Valdieri, on rencontre de nombreuses avalanches qui se succèdent presque sans interruption et couvrent, dans les hivers rigoureux, le fond de la vallée ; au mois de juillet 1872, on voyait encore les restes de quelques unes de ces avalanches ; sur quelques points elles se transforment en éboulements énormes de blocs et de terre, qui se précipitent avec une violence extrême sur le fond de la vallée.

Les avalanches, dans ce parcours, se détachent souvent du sommet des cîmes qui sont à plus de 1000 mètres et roulent avec une vitesse et une masse telles qu'aucun ouvrage ne pourrait y résister ; dans ces localités, il ne reste autre ressource pour y établir un chemin de fer que de passer en tunnel.

L'établissement d'un chemin de fer à ciel-ouvert, entre les Alpes et les bains de Valdieri, serait une œuvre téméraire, tant à cause des avalanches que de la masse de neige, qui, aux bains de Valdieri même arrive à 3 mètres 50 cent.

En aval de l'établissement des bains jusqu'à Saint Lorenzo, les avalanches sont très-nombreuses, et au mois de juillet 1872, les voitures pour aller aux bains, devaient passer à travers une tranchée ouverte dans la neige provenant d'une avalanche énorme tombée dans le ravin qu'on rencontre de suite après les bains.

Dans la vallée de la Tinée les avalanches sont considérables et fréquentes dans les deux vallons de Castillon et de Saint Anna, et en amont de Vinadio le long de la Stura.

*On voit que dans la zone que nous étudions, nous pouvons, sans nous exposer à de graves inconvénients, arriver à 1,300 mètres de hauteur sur la mer sur le versant Sud, tandis qu'au Nord il faudrait rester à la hauteur de 1,100 mètres, parce que au-dessus de ces limites nous entrons dans la région des grandes neiges et des avalanches.*

Ce résultat est conforme aux études faites pour les autres passages des Alpes.

Le passage le plus élevé d'un chemin de fer à travers les Alpes est celui de Brenner, qui est à 1367 mètres; vient ensuite celui du Mont-Cenis à 1,335 mètres du côté de Bardonnèche et 1,180 du côté de Modane.

Au Saint-Gothard on avait d'abord songé à placer le tunnel des Alpes à 1,468 mètres de hauteur sur la mer, pour réduire autant que possible la longueur du tunnel, mais on a bientôt abandonné ce projet et on a établi le tunnel de 15 kilomètres à 1,100 mètres sur le niveau de la mer.

Pour les passages du Simplon, du Lukmanier et du Splugen on a aussi étudié des tracés supérieurs, qui arrivaient jusqu'à 1,700 mètres de hauteur sur le niveau de la mer; mais tous ces projets ont été successivement abandonnés, pour adopter les tracés inférieurs qui ne dépassent pas la zone des grandes neiges et des avalanches.

La hauteur du passage du Brenner s'explique par sa position exceptionnelle, le chemin de fer traverse les Alpes à ciel-ouvert, sans aucun souterrain de cîme. Le col est entouré de montagnes secondaires, recouvertes jusqu'au sommet par des forêts et des pâturages, de sorte que ce passage est à l'abri des avalanches et des accumulations de neige.

Au Mont-Cenis on a dû s'élever à 1,335 mètres du côté de Bardonnèche, pour réduire autant que possible la longueur du tunnel. En aval de ce point, la vallée se présentant avec une pente douce, la longueur du souterrain aurait augmenté considérablement, si on avait voulu tenir l'entrée du tunnel à quelques cent mètres plus bas.

Au reste la vallée de Bardonnèche, assez large, exposée au soleil, avec des versants en partie boisés et n'ayant pas une grande inclinaison, se trouve à l'abri des avalanches, ce qui a même permis l'établissement, sur ce point, d'un bourg assez considérable, tandis que nos vallées avec leurs versants abrupts se présentent dans des conditions toutes différentes.

## § IV.

### Les longs Tunnels.

La conséquence du principe indiqué par le paragraphe précédent est de rendre les tunnels des Alpes très-longs ; il est donc nécessaire, avant d'aller plus loin, d'étudier cette question des longs tunnels, qui a préoccupé tous les ingénieurs qui ont fait des tracés de chemins de fer dans les Alpes.

Ce qui caractérise les tunnels des Alpes, c'est moins leur longueur exceptionnelle, que cette circonstance qu'ils doivent être exécutés sans puits.

Le percement d'un long tunnel demanderait beaucoup trop de temps, et retarderait extraordinairement l'achèvement d'un chemin de fer, si les travaux ne pouvaient être exécutés qu'à la main et à partir des deux extrémités seulement ; aussi a-t-on cherché à accélérer l'avancement des travaux dans tous ces souterrains, au moyen d'un certain nombre de puits, ou bien par le forage mécanique.

L'application de l'air comprimé au perforateur mécanique a permis de percer le tunnel du Mont-Cenis en 12 ans, mais il ne faut pas oublier au prix de quels sacrifices !

La dépense a été de 75 millions ; des perfectionnements importants apportés au système, dans les dernières années de cette entreprise, permettront à l'avenir, dans des conditions analogues, de réduire de beaucoup la dépense ; aussi dans le projet du tunnel du Saint-Gothard de 15 kilomètres, des ingénieurs très-compétents ont porté cette dépense à 3,200,000 fr. par kilomètre seulement, mais tout fait espérer qu'on obtiendra encore une réduction de ce chiffre, puisque ce tunnel a été adjugé à raison de 35,000,000 de francs, ce qui fait 2,400,000 fr. par kilomètres.

Mais la dépense réduite à ce dernier chiffre se trouve encore trop élevée pour permettre l'application de ce système dans le tunnel des Alpes, pour le chemin de Nice à Coni. Il faudra nécessairement chercher une autre solution, si nous voulons placer le chemin à la hauteur que nous avons indiquée.

Ouvrir un long tunnel avec le système ordinaire, à la main, en l'attaquant aux deux extrémités, pourrait être économique, mais il faudrait un temps trop considérable.

Une construction qui prendrait beaucoup plus de dix ans répondrait trop mal aux exigences et à l'esprit de notre époque, pour que l'on puisse compter sur le dévouement spontané et l'énergie soutenue nécessaires à l'exécution d'un si long travail.

Nous venons de voir que l'inconvénient des longs tunnels se trouve plutôt dans le temps trop considérable exigé pour leur construction, que dans la dépense, et c'est précisément d'après cette considération que tous les progrès faits, tendent à diminuer le temps d'exécution, tout en doublant et triplant la dépense de construction.

Avec le système ordinaire, il fallait 30 ans pour percer le Mont-Cenis, avec le système mécanique on est arrivé en 12 ans; aujourd'hui on le ferait en moins de 9 ans.

Un tunnel aussi long que celui du Mont-Cenis et même que celui du Saint-Gothard, ne présenterait aucune difficulté, ni comme exécution, ni comme dépense, si on pouvait l'attaquer sur plusieurs points.

En réduisant ce tunnel à la section de 25 mètres carrés nécessaire pour une seule voie, comme dans le chemin des Appennins entre Pistoja et Bologne, la dépense par mètre courant, tout compris, ne pourra dépasser 1000 francs; en y ajoutant les frais des puits ou des galeries d'attaque, on arrivera à une dépense qui ne sera pas considérable. (1)

Si le tunnel des Alpes peut être tracé de manière à ce qu'on puisse l'atteindre sur plusieurs points, avec des puits ou avec des galeries inclinées, et réduire la partie centrale, celle qui ne pourra être attaquée que par les deux extrémités, à 4,000 mètres, les puits ou galeries inclinées compris, nous aurons résolu le problème, parce que cette partie centrale pourra être exécutée en dix ans, à raison de 400 mètres par an.

Jusqu'à présent on a ouvert des longs tunnels par moyen de puits plus ou moins profonds, mais leur profondeur n'a jamais dépassé 300 à 350 mètres (2), parce qu'au delà de cette limite la dépense augmente rapidement.

Pour éviter les inconvénients que présentent les puits trop profonds, M. Toni-Fontenay, ingénieur en chef du

(1) Dans le canton du Tessin, le souterrain du Monte-Cenere de 2,900 mètres a été adjugé à raison de 700 fr. par mètre. — Sur la ligne de Lyon à Roanne, on a percé des tunnels dans le granit, les gneiss et les porphires à raison de 1,000 et 1,500 fr. les puits compris. — Les tunnels des Appennins n'ont coûté que 600 à 900 fr. le mètre.

(2) A Saint-Chamond on a percé un puits pour les mines de 800 mètres dans le grès avec une dépense de 500 fr. par mètre et un avancement de 0 m. 55 par jour.

chemin de fer de Saint-Lambert à Grenoble, a proposé, pour attaquer les longs tunnels dans les Alpes, des galeries inclinées qui par moyen de bifurcations, convenablement choisies, permettraient de multiplier à volonté les points d'attaque.

L'exécution d'une galerie inclinée, quelque longue qu'elle soit, ne présente pas les inconvénients des puits profonds, et c'est toujours une œuvre praticable ; l'ouvrier se trouverait au fond de cette galerie en parfaite sécurité, il pourrait descendre et remonter à volonté. Le front d'attaque pourrait toujours être rendu facilement libre des eaux par l'épuisement, et l'extraction des matériaux serait faite avec facilité au moyen de voies ferrées et à l'aide de machines fixes établies à l'embouchure de la galerie.

Quoique ce système n'ait pas encore reçu d'application, cependant on doit reconnaître qu'il ne peut présenter de difficulté sérieuse. Le seul inconvénient qu'on aurait à redouter, c'est l'affluence des eaux au fond de la galerie, mais les tunnels à percer dans les Alpes qui sont sur notre tracé, se trouveront dans des masses de roches cristallines compactes et qui ne se laissent pas pénétrer facilement par les eaux.

Dans chaque vallée, lorsqu'il s'agira d'étudier les différents tracés, je démontrerai qu'on peut construire de longs tunnels, en les attaquant au moyen du système que je viens d'indiquer, avec une dépense relativement modérée, et dans un délai de dix ans ; ainsi il ne faut pas se laisser effrayer de prime abord, par un tunnel de 8 et même de 15 kilomètres, et avant de se prononcer, il faut attendre le résultat de cette discussion.

## § V.

### Tracé par Tende et Vintimille.

Je n'ai pas l'intention d'indiquer en détail les traces à suivre, car ce travail ne peut être que le résultat d'un projet définitif, et je dois me limiter à indiquer sommairement les grandes lignes. Des modifications nombreuses pourront être faites au tracé, sans cependant altérer l'économie générale du projet, et surtout sans que ces changements puissent influer sensiblement dans la dépense.

En partant de Vintimille, le tracé doit commencer à la gare internationale placée sur la rive gauche de la Roya.

On remonte ensuite cette rivière avec une pente moyenne de 10 p. 0/00, jusqu'à Aïrole, puis jusqu'à Breil avec une pente moyenne de 18 p. 0/00 où on arrive à la cpte de 320 mètres. De Breil on va jusqu'au vallon de Caïros, en face de Saorge avec une pente moyenne de 23 p. 0/00 ; à partir de ce point commencent les grandes difficultés, la vallée ne présente plus qu'une gorge abrupte, coupée par de ravins profonds et par de nombreux cônes d'éboulements; le tracé d'une voie ferrée y devient très-difficile et très-coûteux.

On a proposé plusieurs projets pour atteindre les pieds des Alpes ; mais on peut les ramener tous à deux solutions principales: le tracé inférieur et le tracé supérieur.

Le projet inférieur auquel, à mon avis, on doit donner la préférence, consiste à suivre la vallée jusque en amont de Tende, à proximité de la chapelle dite de la Vievola, à la côte de 906 mètres, avec des pentes de 25 à 30 p. 0/00 sur 14,400 mètres, ouvrir un tunnel de 8,400 mètres pour sortir sur le versant septentrional, au pont du Meci, à la cote de

1100 mètres. Ce tunnel devraêtre établi en courbe, pour suivre l'axe de la vallée de la Roya jusqu'au pied du col, et de l'autre côté la vallée du Limonetto; il présenterait une rampe de 24,50 p. 0/00 sur 7 kilomètres et une pente de 1,40 p. 0/00 sur 1400 mètres.

Cette disposition a pour but d'empêcher sur le point d'attaque au Nord l'accumulation des eaux qui se trouvent ordinairement dans les couches supérieures. Cette pente de 1,40 p. 0/00 servira aussi de palier, et comme point de passage entre les deux rampes en sens inverse.

Du pont de Meci, le tracé descend jusqu'à Robilante avec une pente moyenne de 28 p. 0/00 sur 13600 mètres. A partir de Robilante jusqu'à Coni on suit un terrain en plaine avec une pente moyenne de 11 pour 0/00 sur 17400 mètres.

Ce tracé ne présente pas de rampes dépassant le 30 p. 0/00 mais il exige un tunnel de 8400 mètres. Voyons comment on peut y arriver en 10 ans, et avec une dépense relativement modérée.

Si l'on se limitait à attaquer le souterrain par les deux bouts, et avec le système ordinaire de perforation, il faudrait 21 ans pour l'achever; il sera donc nécessaire d'en réduire la longueur au moyen de puits ou de galeries inclinées.

Sur le versant méridional il n'y a pas de difficultés jusqu'au pied du col ; on peut facilement creuser sur ce parcours le nombre de puits qu'on voudra, et qui ne dépasseront pas 120 mètres en profondeur. Sur le versant Nord, en établissant le tracé en courbe le long de la vallée de Limonetto, on pourra aussi ouvrir le nombre de puits qui sera nécessaire entre le pont de Meci et la région Moscatet ; au delà de ce point commence la partie centrale qui ne pourra être attaquée que par les deux extrémités. En établissant à ce point une galerie inclinée de 760 mètres, on réduit la partie centrale à 3400 mètres de longueur, y compris la galerie inclinée et le puits à creuser sur le versant méridional. Le souterrain ainsi tracé pourra être percé en 8 ans et demi à raison de 400 mètres par an.

Quant à la dépense, en réduisant la section à 25 mètres carrés, on peut calculer le prix du mètre courant à 1,000 francs, ce qui nous donne 8,400,000 francs et, en y ajoutant les frais de creusement des puits et des galeries d'attaque, dont la longueur est de 1100 mètres et le prix du mètre courant de 350 francs, (1) on arrive à un total de 8,785,000 fr.

Le tracé supérieur a pour but de réduire la longueur du souterrain ; mais pour arriver à ce résultat, les auteurs des différents projets proposés, sont forcés d'établir les voies d'accès au tunnel sur les deux versants, en plans inclinés, (projet Piccon) ou bien avec pentes de 4 et jusqu'à 8,75 p. 0/0 (projets de Vautheleret et Cacciardi).

M. l'ingénieur Piccon, qui a le mérite d'avoir proposé le tracé par Sospel et Tende, établit dans son projet, l'entrée Sud du tunnel à la hauteur de 1156 mètres et la sortie au Nord à 1187 m. 32, ce qui lui donne une longueur de 5100 mètres, et il propose de construire sur les deux versants, deux plans inclinés de 2500 mètres de longueur au Nord, et 3600 mètres au Sud avec une pente qui varie du 8 à 8,50 p. 0/0.

M. le Baron Cacciardi voudrait utiliser la galerie de 3128 mètres que le Gouvernement doit construire pour le service de la route charretière placée à 1821 mètres sur le niveau de

(1) La section des galeries d'attaque serait réduite à 7m. 50 q. comme on l'avait fait au Mont-Cenis dans les dernières années.

la mer; pour arriver à cette hauteur il propose le locomoteur Agudio, et il évalue la dépense de l'application de ce système à 5,500,000 francs, non compris le tunnel.

M. De Vautheleret, comme M. le Baron Cacciardi, veut établir le souterrain de 3,128 à 1,321 de hauteur, mais pour y arriver, il propose d'adopter des rampes de 38 p. 0/00 sur 10,050 mètres de longueur, à partir de Limone, en se développant dans la vallée de Limonetto et de La Panis et, du côté Sud, des rampes de 40 p. 0/00 sur 12,031 mètres jusqu'à Tende

Je dois démontrer que tous ces tracés supérieurs, en tenant compte des frais de construction et d'exploitation, sont loin de présenter les avantages du tracé inférieur.

Comme dépense de construction nous aurons :

| | | | |
|---|---|---|---|
| Pour le Projet Piccon | Fr. | 7,400,000 | (1) |
| Projet Cacciardi | » | 7,828,000 | (2) |

---

(1) Ce chiffre est ainsi établi : 1° Pour les 5,100m 00 de Tunnel — Fr. 5,100,000
2° pour la voie à ciel-ouvert correspondant à la longueur en plus dans le tunnel du tracé inférieur 3,300 mètres à fr. 400 par mètre — » 1,320,000
3° pour les machines fixes pour les plans inclinés et outillage spécial — 980,000
Fr. 7,400,000

(2) 1° Gallerie de 3128 mètres évaluée à — Fr. 3,128,000
2° Application du système Agudio et plans inclinés — » 5,500,000
Fr. 8,628,000
Mais comme dans cette dépense de 5,500,000 se trouve comprise la partie du chemin entre le tunnel et Limon il faut déduire pour 2 kil. — Fr. 800,000
Fr. 7,828,000

Projet De Vautheleret » 9,7004,00 (1)
Tracé inférieur proposé » 8,7850,00.

Ainsi la dépense du projet de M. Vautheleret dépasserait d'un million celle prévue pour le tracé inférieur, indépendamment des inconvénients et de l'augmentation dans les frais d'exploitation.

Le projet Piccon donne une économie de francs 1,385,000 et le projet Cacciardi de 957,000. fr.

La différence réduite à ces proportions, on voit de suite que pour réaliser une économie aussi faible, on ne peut pas renoncer au tracé inférieur, qui n'admet que la traction ordinaire par locomotives, et qui ne nécessite l'emploi, ni de plans inclinés, dont les inconvénients sont admis par tout le monde, ni de systèmes qui n'ont pas encore été sanctionnés par l'expérience.

Nous ne doutons nullement que ces systèmes d'exploitation ne répondent dans des circonstances convenables au but que l'on se propose, de réduire les frais d'établissement; mais dans notre cas, comme on vient de le voir, ils ne peuvent présenter des avantages assez sensibles pour nous faire abandonner la traction ordinaire par locomotives.

Si on examine cette question au point de vue d'exploitation, on verra combien le tracé inférieur est plus avantageux que les autres lignes proposées.

---

(1) Tunnel de 3,128 mètres Fr. 3,128,000
Rampes d'accès 22,031 mètres, en déduisant les parties comprises dans le projet inférieur entre Limon et le Tunnel et entre Tende et l'entrée Sud du Tunnel, reste mètres 16,431 à raison de 400 fr. par mètre. » 6,572,400
Fr. 9,700,400

Je ne parlerai même pas des inconvénients, quoique très-graves, des neiges et des avalanches, auxquels sont exposés les tracés supérieurs, et que le tracé inférieur évite presque complètement, et je ne tiendrai compte que des frais d'exploitation.

Pour voir la différence entre tous les tracés à ce point de vue, il faut partir de cette donnée que dans le tracé Piccon le point culminant de la ligne est à 1190 mètres sur le niveau de la mer; dans celui de M. Cacchiardi et dans celui de M. De Vautheleret à mètres 1321; et comme dans le tracé inférieur le point culminant serait à mètres 1102, la différence sera de 88 mètres pour le projet Piccon et de 219 mètres pour les projets Cacciardi et De Vautheleret.

Pour porter les trains à cette hateur, il faut nécessairement l'emploi d'un moteur, produit par une locomotive ou par une machine fixe.

Dans les chemins de fer avec des pentes de 30 p. 0/00, cette dépense peut être évaluée à fr. 0,50 par tonne et par cent mètres de hauteur; pour les plans inclinés on arrive au même chiffre; ceux qui proposent le système Agudio l'évaluent à fr. 0,25 (1).

Dans le projet Piccon, pour chaque tonne on aurait une augmentation dans les frais d'exploitation de fr. 0,454 et dans le projet Cacciardi, en admettant que le système Agudio donne les résultats indiqués, l'augmentation sera de 0,547; dans le projet De Vautheleret l'augmentation serait de francs 1,08.

---

(1) Ce chiffre n'a pas encore été sanctionné par la pratique, en outre M. Cacciardi suppose qu'on aura un moteur gratuit en utilisant les eaux de la Vermegnana et de la Roya; mais au point où il faudrait établir la machine fixe du côté de Tende on n'aurait pas la quantité d'eau nécessaire.

Si on admet sur ce chemin un mouvement tel à donner un produit brut de 24000 fr. par kilomètre, nous aurons une augmentation pour les frais d'exploitation:

| | | |
|---|---|---|
| Dans le projet Piccon de | Fr. | 136,000 |
| Dans le projet Cacciardi | » | 164,000 |
| Dans le projet De Vautheleret (1) | » | 324,000 |

En présence de ces résultats l'hésitation ne peut plus être possible, et le tracé inférieur doit être adopté de préférence à tous les autres.

Quelle serait la dépense du tracé inférieur ?

Je dirai d'abord qu'il est impossible, par une simple inspection de la localité, et même avec des avant-projets sommaires, de fixer avec précision la dépense d'un chemin de fer établi dans des localités aussi accidentées que celles que nous devons parcourir; aussi nous voyons se produire des différences énormes dans les appréciations de la dépense des différents projets.

Je n'ai certainement pas la prétention de vouloir, à mon tour, arriver à un résultat rigoureux, qui ne peut être obtenu qu'avec un projet définitif et bien étudié.

Mais, sans vouloir arriver à cette précision, on peut cependant se former une idée assez approximative du chiffre de la dépense, ce qui peut parfaitement nous suffire pour le but que nous nous proposons dans cette étude.

(1) Ces résultats concordent avec ceux établis pour le projet du St-Gothard, où on a trouvé que pour chaque 100 mètres de plus d'élévation on augmente les frais d'exploitation de 200,000 fr. avec un produit brut de 24,000 fr. par kilomètre.

Nous avons d'abord pour la vallée de la Roya, le projet définitif étudié avec soin par M. Cerroti, et approuvé par le Conseil supérieur des travaux publics en Italie, et quoique le tracé que je propose diffère sur plusieurs points de celui de M. Cerroti, cependant nous y trouverons quelques éléments qui peuvent servir de guide dans une appréciation sommaire.

La dépense d'un chemin de fer doit être scindée en deux parties, une qui peut être fixée d'avance, et sur laquelle les éléments de localité ne peuvent produire de grands changements, comme la construction de la voie, le matériel roulant, les gares et les frais généraux.

J'ai calculé cette partie de la dépense par kilomètre et d'après les données moyennes de plusieurs autres chemins qui se trouvent dans des conditions analogues :

| | | |
|---|---|---|
| 1° Administration et frais généraux | Fr. | 10,000 |
| 2° Voie principale et voies de garage, ballast et matériel fixe | » | 40,000 |
| 3° Bâtiments des stations, ateliers, remises, maisons des gardes, prises d'eau, Télégraphe etc. | » | 15,000 |
| 4° Matériel roulant | » | 20,000 |
| Total par kilomètre | Fr. | 85,000 |

Reste à déterminer les acquisitions de terrains, les dépenses de terrassements et des ouvrages d'art, qui varient suivant les localités.

Pour cette seconde partie les appréciations sont plus incertaines; nous trouvons cependant dans d'autres chemins exécutés, et qui traversent des localités analogues à celles de nos montagnes (1), des données précieuses.

(1). Chemin du Mont-Cenis entre Bossolegno et Bardonnèche — Chemins des Appennins entre Bologne et Pistoya — Réseau Savoisien — Chemin Franco-Suisse à travers la Chaîne du Jura.

D'après toutes ces indications j'ai fixé la dépense de la ligne de Vintimille à Coni, dont la longueur est de 86,350 mètres, de la manière suivante :

| | | |
|---|---|---|
| 1° De Vintimille au Tunnel de Tende, longueur 45 k. 350 m. à raison de 400,000 fr. par kil. | Fr. | 18,140,000 |
| 2° Tunnel du col de Tende | » | 8,785,000 |
| 3. Entre le tunnel et Robilante 14,400 mètres à fr. 300,000 par kilomètre | Fr. | 4,320,000 |
| 4. De Robilante à Coni (1) 17,400 mètres à raison de 200,000 fr. par kilomètre | » | 3,480,000 |
| | Fr. | 34,725,000 |
| Intérêts du capital pendant la construction | » | 4,275,000 |
| Total | Fr. | 39,000,000 |

par kilomètre fr. 452,000.

## § VI.

### Tracé par Sospel et Tende.

M. Cerroti dans son rapport sur le projet du chemin de fer de la Roya, a indiqué sommairement le tracé par Tende et Sospel.

Plus tard M. l'ingénieur Piccon a étudié ce projet et les résultats qu'il a obtenus se trouvent indiqués dans le mémoire qu'il a publié.

La ligne se détache du chemin du littoral à Nice, dans le quartier de Riquier, remonte sans difficulté le Paillon jusqu'au confluent du vallon Gaudissart, enamont de Peille ; à partir de ce point M. Piccon propose un plan incliné de

(1) Le projet définitif de M. Cerroti fixe la dépense entre Coni et Limone à 7,175,000 ce qui concorde avec les évaluations que j'indique.

4,700 mètres de longueur avec une pente de 6 p. 0/0, qui lui permet d'arriver à la côte de 521 mètres sur le niveau de la mer, et de passer avec un tunnel de 2,500 mètres sous le mont Meras dans la vallée de Merlanzone qu'il descend ensuite avec une pente du 22 p. 0/00 jusqu'à Sospel, longe la rive droite de la Beura jusqu'en face de *la Balma de Caï*, où il traverse cette rivière avec un viaduc de 75 mètres de hauteur; au delà, il suit la rive gauche de la Beura jusqu'à Oliveta, il va passer sous la Penna avec un tunnel de 1,300 mètres, pour déboucher dans la vallée de la Roya; descend jusqu'à la Giandola et remonte ensuite la Roya jusqu'à Tende, avec une pente de 23 m. 50 par mille ; quand au col de Tende nous avons vu déjà comment M. Piccon veut le traverser.

D'après ce tracé, la longueur de la ligne serait de 103 kilomètres; en y ajoutant 1,800 mètres pour la raccorder avec la Gare de Nice, nous avons en tout 104 kilom. 800 mètres. La dépense est calculée à francs 29,000,000

Ce projet présente deux graves inconvénients: 1° Les passages du col de Tende et du Mont-Meras avec des plans inclinés, 2° le tracé entre Sospel et Breil qui coupe deux fois la frontière Italienne.

M. Delestrac, ingénieur en chef, a étudié tout spécialement ce tracé, et il a supprimé le plan incliné du Mont-Meras, en établissant une pente de 25 p. 0/00 à partir de Drap, ce qui lui permet d'arriver au col Meras, à la cote de 482,50 sur le niveau de la mer, et de passer dans la vallée de Merlanzone avec un tunnel de 1960 mètres (1).

---

(1) Il y a une différence dans la longueur du tunnel entre le projet de M. Piccon et celui de M. Delestrac, mais ce dernier ayant fait ses études sur le plan de l'Etat Major Sarde à l'échelle de 1 à 10,000, je crois qu'on doit accepter de préférence les résultats de M. Delestrac.

La seule difficulté qu'on rencontre dans cette partie de la ligne consiste dans les ponts sur le vallon de Peille et sur celui de Peillon.

Pour le passage de la vallée de la Beura dans celle de la Roya, M. Delestrac traverse la Beura en amont de Sospel à la cote 412 mètres et monte ensuite, en suivant la rive gauche, avec une pente de 25 p. 0/00 jusqu'à la cote de 510 mètres, passe sous le col de Brouis avec un tunnel de 1860 mètres, et descend le long du vallon dit Rivo pour arriver à la gare de Breil, à la cote de 385 mètres. A partir de ce point, après un palier de 1900 mètres, je propose une rampe de 13,80 p. 0/00 jusqu'au vallon de Caïros sur 5,500 mètres; au delà de ce vallon, on suivrait le tracé déjà indiqué pour la ligne de Vintimille et Tende.

Ce tracé fait disparaître les inconvénients signalés dans le projet de M. Piccon, nous donne une ligne qui peut être exploitée sur toute sa longueur par les locomotives de montagne, à l'abri des avalanches et des grandes neiges et qui, en outre, ne coupe la frontière qu'en un seul point, à Fontan (1). La longueur totale de cette ligne serait de 108 kilomètres.

Quelle serait la dépense du chemin de fer dans la direction de Sospel et Tende?

M. Piccon l'a évaluée à 29,000,000 francs. A mon avis, cette appréciation n'est pas suffisante, et sans entrer dans des discussions de détail, sans établir un parallèle avec

(1) Cette ligne coupe la frontière entre Sospel et Breil sur 2,000 mètres seulement dont 1400 en tunnel, dans une localité où il n'y a ni maison ni culture; de sorte que la rectification serait facile sur ce point.

les dépenses faites sur des lignes analogues, je dois faire ressortir quelques chiffres pour prouver ce que je viens de dire :

M. Piccon évalue les frais généraux personnel et intérêts du capital pendant l'exécution, à francs 2,886,000. Si on décompose ce chiffre, on voit de suite que les frais généraux, qui sur des lignes analogues s'élèvent toujours à 10,000 fr. par kilomètre, absorbent déjà 1,030,000 fr. de sorte qu'il ne resterait que 1,856,000 fr. pour l'intérêt de la somme nécessaire pour l'exécution.

Le capital exigé pour le tunnel du col de Tende donnerait à lui seul une perte de 1,320,000 fr. au moins, et il ne resterait pour tous les autres travaux que 536,000 fr., ce qui évidamment est insuffisant, et il faudrait porter cette somme à 2,000,000 francs.

La dépense pour les gares, ateliers, remises et maisons de garde est de francs 946,503, tandis qu'il faut au moins 15,000 fr. par kilomètre, surtout si on tient compte de ce que cette ligne devra avoir une gare maritime à Nice, pour le chargement des marchandises sur le quai.

La dépense de cette ligne, à mon avis, peut-être calculée de la manière suivante :

| | |
|---|---|
| 1. De Nice au tunnel du col Meras, 23 kilomètres à raison de 300,000 fr. | F. 6,900,000 |
| 2. Tunnel du Col Meras, 1,960 mètres à fr. 1,000 | » 1,960,000 |
| 3. Tunnel du col de Brouïs, 1,860 mètres à fr. 1000 | » 1,860,000 |
| 4. Entre le tunnel du col Meras et Sospel 5,290 mètres à fr. 300 | » 1,585,000 |
| 5. De Sospel au tunnel du col Brouïs, 5,500 mètres à fr. 350 | » 1,925,000 |
| 6. Du tunnel du col de Brouïs au col de Tende 27,650 mètres à fr. 400 | » 11,060,000 |
| A reporter Fr. | 25,290,000 |

| | | |
|---|---|---|
| | Report Fr. | 25,290,000 |
| 7. Tunnel du col de Tende | » | 8,840,000 |
| 8. Du tunnel du col de Tende à Robilante | » | 4,300,000 |
| 9. De Robilante à Coni | » | 2,600,000 |
| | | 41,030,000 |
| Intérêt du capital durant l'exécution | » | 4,970,000 |
| | | 46,000,000 |

| | | |
|---|---|---|
| Le prix de revient par kilomètre sera de fr. | » | 426,000 |

## § VII.

### Tracé par la Vésubie et le Gesso.

Parmi tous les projets de chemin de fer de Nice à Coni, celui par la Vésubie a toujours joui d'une grande popularité à Nice, et cela s'explique facilement par la raison qu'il mettrait cette ville en communication directe avec Coni, et desservirait en même temps cette belle vallée de la Vésubie, qui est destinée à devenir la station d'été des villes du Littoral.

Déjà en 1856, le Conseil Municipal de Nice, après des discussions très-animées, décidait de faire étudier un projet dans cette direction par M. Petinispel ; et cela, malgré les avis contraires de l'Administration et de M. Marsano, ingénieur en chef à cette époque, et depuis inspecteur des travaux du Mont-Cenis et secrétaire général des travaux publics en Italie.

M. Petinispel étudia son projet avec les cartes de l'état major sarde, à l'échelle de 1 à 10,000, fort bien exécutées, et qui donnent des indications suffisantes pour un avant-projet ; malheureusement ces cartes n'avaient été faites que jusque au pied du versant Nord des Alpes, de sorte que pour la partie du tracé compris entre ce point et Coni, M. Petinispel a dû se servir de mauvais plans remplis d'inexactitudes; aussi les études dans cette partie n'ont plus aucune valeur.

Tout le monde connaît le tracé de M. Petinispel qui consistait à suivre la vallée du Paillon jusque au de là de Coaraze où il passait, avec un tunnel de 2,000 mètres, dans la vallée de la Vésubie à proximité de Duranus, se developpait ensuite sur la rive gauche de la Vésubie avec des rampes de 25 p. 0/00, (limite qui lui avait été imposée par son traité avec la Ville de Nice). Arrivé à St-Martin, pour atteindre le pied des Alpes, il faisait des lacets avec gares de rebroussement, ce qui le portait à la cote de 1,515 m., où il entrait en tunnel pour sortir au Nord, à la cote de 1,650 m. dans la vallée du Gesso, formait des lacets de rebroussement au-dessus de l'établissement des bains de Valdieri, et allait ensuite se développer dans la vallée d'Entracque, afin d'atteindre le fond de la vallée en face de Valdieri; à partir de ce point, il suivait la plaine jusqu'à Coni. La longueur de ce tracé est de 139 kilomètres.

La Compagnie, dont M. Petinispel se disait le représentant et le précurseur, ne s'étant jamais présentée, le projet fut mis de côté, et les trente mille francs dépensés par la Ville de Nice furent perdus.

L'année dernière M. Lefèvre, ingénieur et député des Alpes Maritimes, a étudié un autre tracé par la Vésubie.

Il prend son point de départ à la Gare du Var, et arrive jusque au confluent de la Vésubie avec le Var, sans difficulté, en plaçant le chemin de fer sur l'endiguement existant ; il remonte ensuite la Vésubie jusqu'à St-Martin-de-Lantosque avec des rampes qui arrivent jusqu'à 35 p. 0/00, et, pour atteindre le pied des Alpes, il fait un long lacet en zigzag, passant sous le village de Venanzon en tunnel, et arrive ainsi à la cote de 1,300 m., où il entre en tunnel pour sortir dans la vallée du Gesso à la cote 1,525; à partir de ce point, il descend dans la vallée du Gesso avec des pentes de 30 et 35 p. 0/00, et va se développer dans le bassin d'Entracque, comme dans le projet Petinispel; il arrive ainsi dans le fond de la vallée en face de Valdieri; à partir de ce point, ce projet jusqu'à Coni, n'est que la reproduction de celui de M. Petinispel.

La longueur de ce tracé est de 115 kilomètres; en y ajoutant les 5,500 mètres de la Gare du Var à celle de Nice, on a en tout, 120,500 m. de Nice à Coni. La dépense est calculée à 35,650,000 à raison de 310,000 fr. par kilomètre.

Pouvons-nous prendre le tracé de M. Lefèvre pour servir de base dans le parallèle à établir entre la ligne de la Vésubie et celles qui suivent les autres vallées ?

M. Lefèvre s'est servi dans ses études du tracé, entre Nice et le versant nord des Alpes, des cartes de l'état major Sarde, comme l'avait fait précédemment M. Petinispel; aussi dans cette partie, les éléments de localité sont très-exacts, mais lorsqu'on dépasse le versant septentrional, et qu'on entre dans la vallée du Gesso, M. Lefèvre n'ayant eu à sa disposition que les plans de M. Petinispel, est tombé nécessairement dans les mêmes inexactitudes que celles du premier projet, et nous pouvons même dire que le tracé de M. Petinispel, dans la vallée du Gesso, est plus conforme à la localité que celui de M. Lefèvre; en effet, M. Petinispel a bien vu, qu'en sortant du tunnel, il ne pouvait suivre le fond de la vallée, aussi a-t-il établi deux lacets de rebroussement au dessus des bains de Valdieri pour pouvoir, sur ce point, se rapprocher du thalweg, M. Petinispel a prévu dans son projet entre Valdieri et le grand tunnel des Alpes, de nombreux souterrains, et qui sont inévitables dans cette localité, tandis que M. Lefèvre les a complètement supprimés.

La plus grâve erreur qu'on trouve dans ces études, c'est que la ligne est tracée comme si on pouvait suivre le fond de la vallée du Gesso dans sa partie supérieure et, dans le mémoire à l'appui du projet, M. Lefèvre dit « en sortant du « tunnel on suit de très-près le thalweg de la vallée en sui- « vant la pente qui est assez régulière jusque au kilomè- « tre 83, et permet au profil du chemin de fer de présenter « une déclivité qui ne dépasse pas 0,032 par mètre. » Evidemment M. Lefèvre a éte induit en erreur, puisque la vallée, entre le tunnel et l'établissement des bains, a une pente de 0,075 par mètre, et entre les bains et le village de Valdieri de 0,055 par mètre, de sorte que loin d'être placé au fond de la vallée, son projet doit passer à 100 mètres au-dessus des bains de Valdieri et, au kilomètre 83, à 240 mètres sur le Gesso.

Le tunnel des Alpes, en conservant les cotes indiquées dans le projet, serait de 9300 mètres (1) au lieu de 7,000 mètres.

Un nombre considérable de ravins sont oubliés, entre autres celui de Bausset, qui est presqu'aussi important que le Gesso; on n'a tenu aucun compte des nombreuses avalanches qu'on trouve sur le versant Nord.

---

(1) Cette différence provient de plusieurs erreurs cumulées; il y a des inexactitudes dans le plan entre le kilomètre 70 et 73, — une erreur de 200 mètres entre les kilomètres 68 et 69 — une erreur de nivellement à la sortie Nord du tunnel — sur le versant Sud le tunnel doit commencer au kilom. 64.500 et non au kilomètre 65.

Nous ne pourrions pas non plus accepter l'évaluation des frais de construction; ainsi, pour le tunnel des Alpes qui doit être ouvert en cinq ans d'après le rapport, on a calculé une dépense de 8,000,000 francs ; pour arriver dans un délai si court il faudra nécessairement employer la perforation mécanique, et nous savons que le Mont-Cenis a coûté cinq millions par kilomètre ; en réduisant même ce chiffre à francs 2,300,000 par kilomètre, comme le font espérer les derniers perfectionnements, il nous restera toujours une dépense de francs 16,100,000 et, si on tient compte de la longueur réelle du tunnel de 9,300 mètres, la dépense sera de 21,390,000 francs au lieu de 8,000,000 francs prévus par le projet.

Les calculs pour apprécier les frais d'exploitation sont aussi inexacts. M. Lefèvre les fixe au 30 p. 0/0 de la recette brute présumée, tandis que sur tous les chemins analogues ils dépassent le 50 p.0/0, et, dans notre cas, nous trouverons plus loin qu'ils arrivent à 55 p. 0/0.

Ainsi, on voit que ce projet ne peut être pris pour base dans la discussion, même indépendamment de toutes les autres considérations, des rampes trop raides, et des difficultés qu'on rencontrerait dans la zône des grandes neiges et des avalanches.

Voyons quel serait le tracé le plus convenable dans cette vallée ?

Il n'est pas douteux qu'il faut suivre la vallée du Var jusqu'au confluent de la Vésubie, et remonter ensuite cette vallée. On peut adopter plusieurs tracés pour arriver à Saint-Martin-Lantosque.

M. Delestrac a proposé de partir de l'embouchure de la Vésubie avec une pente de 25 p. 0/00, et de se développer dans tous les vallons qu'on rencontre sur la rive gauche; M. Lefèvre dans son projet, suit le fond de la vallée jusqu'à Saint-

Jean de la Rivière avec une pente de 23 p. 0/00, et à partir de ce point, longe la rive droite avec des pentes de 30 et 32 p. 0/00. A mon avis, il conviendrait de suivre le fond de la vallée jusqu'à St-Jean de la Rivière, ensuite de se développer avec des rampes de 25 p. 0/00 sur la rive gauche jusqu'à la Gare de Belvédère et de Roquebillère, et d'atteindre Saint-Martin avec une rampe de 30 p. 0/00 sur 9 kilomètres. On ne peut faire un choix entre tous ces tracés qu'après avoir fait des études comparatives.

A partir de Saint-Martin-Lantosque, pour arriver au pied des Alpes, on a proposé deux expédients : les uns veulent faire un lacet en zigzag en dessous de Venanson, les autres des lacets avec gares de rebroussement, afin d'arriver à la cote de 1,300 mètres ou 1,500 mètres, et réduire ainsi autant que possible la longeur du tunnel. Je suis d'un avis contraire, et je pense que si on peut creuser un long tunnel à travers les Alpes avec une dépense relativement modérée, et dans un délai de dix ans, on doit préférer le tracé qui établirait le souterrain à une cote beaucoup moins élevée, et cela pour les raisons que j'ai exposées dans le chapître où j'ai étudié la climatologie des Alpes.

A partir de Saint-Martin, nous avons donc deux tracés : un tracé supérieur et un tracé inférieur. Je dois démontrer que le tracé inférieur est plus économique tant sous le rapport de la construction que sous celui de l'exploitation.

Le tracé supérieur peut être établi dans les vallons de Borréon et de la Valetta, ou bien dans celui de la Madonna de Fenêtre et du Gesso d'Entraques. Si le tracé supérieur devait être adopté, la ligne par le col de Fenêtre présenterait quelques avantages sur la ligne par le col de Pagari suivie par M. Lefèvre et par M. Petinispel ; en effet, si on porte la ligne à la cote de 1,400 mètres sur les deux versants Nord et Sud, le tunnel au col de Fenêtre sera de 9 kilomètres, tandis que pour réduire le tunnel de Pagari à cette longueur, il faut arriver sur le versant Sud à la côte de 1350; et sur le versant Nord à 1,500 mètres.

La différence de 100 mètres de hauteur sur le versant Nord a une grande importance pour les neiges et les avalanches; on diminue en outre de beaucoup le développement artificiel qu'il faut donner au tracé dans la vallée du Gesso. D'un autre côté les avalanches dans le Gesso d'Entraques sont moins nombreuses et moins importantes que dans le Gesso de Valdieri.

Pour le tracé inférieur, les deux directions donnent un tunnel d'une longueur presqu'égale et, comme la partie centrale sur la ligne de Pagari est moins longue que celle par le col de Fenêtre, que d'un autre côté ce tracé passe par l'établissement des bains de Valdieri assez important dans la saison d'été, c'est dans cette direction que la ligne doit se diriger.

Le tracé inférieur par le col de Pagari arriverait à la côte de 1,150 mètres sur le niveau de la mer, sans aucun développement artificiel, en contournant seulement les vallons qu'on rencontre sur la rive gauche de la Vésubie, et entrerait en tunnel au vallon dit des *Frairés*. L'axe du tunnel suivrait la direction du vallon Borréon, afin d'avoir plusieurs points d'attaque par moyen de puits ou de galeries inclinées ; au point où l'axe du tunnel traverse le Vallon de Salèses, on établirait une galerie inclinée qui irait attaquer la partie centrale à 530 mètres de profondeur. A partir du vallon de Salèses, le tunnel serait établi en ligne droite jusqu'au confluent du Vallon de Balma avec celui de la Culata, où l'on creuserait une autre galerie inclinée pour atteindre la partie centrale, à 480 mètres de profondeur. De là l'axe suivrait le vallon de la Valletta pour donner des points d'attaque plus rapprochés de la surface; seulement à proximité des bains de Valdieri au moyen d'une courbe, on irait sortir en face des *Telti-Niots* à l'altitude de 1,170 mètres sur le niveau de la mer.

Le tunnel ainsi tracé aurait 14,900 mètres de longueur, et la partie centrale, qui ne pourra être attaquée que par les deux bouts, serait réduite à 2000 mètres; en y ajoutant les deux galeries inclinées, on aura 4,270 mètres de longueur qui, avec un avancement annuel de 400 mètres avec le système ordinaire, pourraient être percés en 10 ans et sept mois.

La section du tunnel étant réduite à 25 mètres carrés, celle des galeries d'attaque à 7, 50, la dépense serait ainsi établie :

| | | |
|---|---|---|
| 14,900 mètres de tunnel à raison de 1000 francs | Fr. | 14,900,000 |
| 4,820 mètres de galerie d'attaque et puits, à raison de 350 francs le mètre, | » | 1,687,000 |
| | Fr. | 16,587,000 |

Le tunnel se trouverait complètement creusé dans le gneiss et les granits, aussi on n'aurait pas de revêtement à faire.

Il faut établir maintenant quelle serait la dépense du tracé supérieur.

En suivant la vallée du Borreon et en plaçant l'entrée sud à 1,350 mètres de hauteur et l'entrée nord à 1,520 mètres, la longueur du tunnel sera de 9,000 mètres. Pour le creuser en dix ans, il faudrait l'attaquer avec deux galeries inclinées, d'une longueur réunie de 1,600 mètres, placées une dans le vallon de Salèses, et l'autre au confluent du vallon de Balma avec celui de Culata.

La dépense serait :

| | | |
|---|---|---|
| 1° Pour 9000 mètres de tunnel | F. | 9.000,000 |
| 2° 16,011 mètres de galerie d'attaque à francs 350 | » | 570,000 |
| Total | » | 9,570,000 |

Il faut ajouter les frais pour exécuter le lacet sous Venanson dans la vallée de la Vésubie, et pour le développement dans la vallée d'Entracques; plus, la partie du tracé à ciel-ouvert qui correspond à celle en tunnel dans le tracé inférieur, en tout 17,600 mètres.

Si on les calcule à raison de 500,000 fr. par kilomètre; ce qui n'est pas exagéré, puisqu'il s'agit du parcours le plus coûteux de toute la ligne, et dont une grande partie doit être ouverte en tunnel, on arrive à fr. 8,800,000, qui réunis aux frais du tunnel nous donnent 18,370,000 fr., dépense bien supérieure à celle trouvée pour le tracé inférieur.

Si on examine cette question au point de vue de l'exploitation, les avantages du tracé inférieur seront encore plus évidents.

Nous évitons d'abord les grandes neiges, les avalanches et l'entretien du chemin à ciel ouvert, toujours très-coûteux dans ces localités; ensuite, nous aurons une grande économie dans les frais d'exploitation.

La différence du niveau entre les points culminants des deux tracés est de 313 mètres ; en prenant les mêmes bases indiquées pour le col. de Tende on arrive à une augmentation dans les frais d'exploitation de 469,000 francs.

Le tracé supérieur par le Col de Fenêtre donnerait des résultats plus satisfaisants, mais toujours moins favorables que ceux du tracé inférieur.

Cela ne doit pas nous surprendre, car on est arrivé aux mêmes conclusions dans les études faites pour d'autres passages des Alpes, au Simplon et au Saint-Gothard.

Le tracé inférieur en sortant en face des *Tetti-Niots* dans la vallée du Gesso, pourra être établi sur la rive droite, pour aller se développer dans le bassin d'Entracques avec des rampes de 25 p. 0/00, de manière à atteindre le fond de la vallée en face de Valdieri, et de là, suivre la plaine jusqu'à Coni, après avoir traversé le Gessó à la hauteur de Borgo San Dalmasso.

La dépense du tracé tel que je l'ai indiqué, en s'appuyant sur les mêmes éléments déjà invoqués pour la ligne du Col de Tende, serait :

| | | |
|---|---|---|
| 1° De la gare du Var à Baus-Rous, longueur 22,500, à fr. 130 | Fr. | 2,925,000 |
| 2° De Baus-Rous au tunnel des Alpes 40,500 à fr. 400 | » | 16,200,000 |
| 3° Tunnel des Alpes | » | 16,587,000 |
| 4° Du tunnel des Alpes à Valdieri, 17,100, à fr. 400 | » | 6,840,000 |
| 5° De Valdieri à Coni, 19,000, à fr. 200 | » | 3,800,000 |
| Total | Fr. | 46,352,000 |
| Intérêt du capital pendant l'exécution | » | 7,000,000 |
| | Fr. | 53,352,000 |

La longueur de la voie à construire étant de 113,500, le prix de revient par kilomètre sera de 470,000 francs.

## § VII.

### Tracé par la Tinée et la Stura

La ligne par la Tinée prend son point de départ, comme celle de la Vésubie, à la gare du Var, suit la vallée du Var jusqu'à la Mescla (confluent du Var avec la Tinée), ensuite remonte la Tinée, toujours en restant dans le fond de la vallée, avec des rampes qui ne dépassent pas 20 p. 0/00, et elle arrive à St-Sauveur avec 50 mètres d'élévation sur le thalweg.

Le terrain sur tout ce parcours est très-accidenté, et il exigerait plusieurs tunnels, mais très-courts. Les ouvrages d'art sur les ravins seraient aussi très-nombreux, mais de peu d'importance; à partir de St-Sauveur, la pente de la Tinée se prononce davantage, cependant, on peut atteindre Isola (870 m.) avec une pente de 25 p. 0/00, grâce aux 50 mètres d'élévation qu'on aurait gagnés en aval de St-Sauveur.

Au delà d'Isola on peut suivre deux tracés, comme dans les autres lignes; entrer immédiatement en tunnel, et aller sortir dans la vallée de la Stura presqu'en face de Vinadio, ou bien remonter le vallon de Castillon, arriver à la côte 1,400 m., faire un tunnel de 8,500 et descendre le vallon de St-Anna jusqu'à la Stura.

La tracé inférieur présente une économie sensible non seulement dans les frais d'exploitation mais aussi dans la dépense de construction.

Le tracé inférieur entrerait en tunnel avant d'arriver à Isola, à la côte (862 mètres), et au moyen d'une courbe de 300 mètres, irait rejoindre le vallon de Castillon, dont on suivrait l'axe jusqu'au pied du col de St-Anna, pour avoir plusieurs points d'attaque; après avoir traversé la chaîne en ligne droite, on suivrait l'axe du vallon de St-Anna pour aller sortir à côté de Louvièra, à la côte 969 mètres; et avec une rampe de 25 p. 0/00, on descendrait dans le fond de la vallée en face d'Aisone, où on traverserait la Stura afin de desservir Aisone, Demonte, Majola, Cajola, pour repasser ensuite sur la rive droite, avant d'arriver à Borgo St-Dalmasso, point commun avec les autres lignes par la Vésubie et par la Roya.

Dans le tracé supérieur, pour atteindre dans le vallon de Castillon la côte de 1,400 mètres, il faut un développement artificiel de 14 kilomètres avec une pente de 30 p. 0/00.

Dans la vallée de la Stura, il faut avoir recours au même expédient; on peut, il est vrai, forcer la pente entre Saint-Sauveur et Isola, et entre Vinadio et Aisone, et la porter à 30 p. 0|00, ce qui réduirait le développement artificiel à 11 kilomètres sur les deux versants, mais aussi on augmenterait la dépense de construction dans ces deux parties du chemin.

Ce développement artificiel dans la vallée de la Tinée devra être pris en amont d'Isola sur des terrains en décomposition, et avec un viaduc considérable sur la Tinée; Dans la vallée de la Stura, il faudra le prendre en amont de Vinadio, ou mieux dans le *Rivo Freddo* et dans le versant de la rive droite de la Stura entre Vinadio et Demonte.

Cette partie du chemin serait très-coûteuse et très-difficile à entretenir.

Voyons quelle serait la dépense des deux tracés?

**Tracé inférieur**

| | |
|---|---|
| Tunnel de 15,000 mètres à fr.1,000 | Fr. 15,000,000 |
| Puits et galeries inclinées, 7,230 à raison de 350 fr. par mètre | » 2,530,000 |
| | Fr. 17,530,000 |

**Tracé supérieur**

| | |
|---|---|
| Tunnel de 8,500 mètres, y compris les galeries d'attaque | » 8,690,000 |
| Chemin à ciel ouvert pour atteindre la cote de 1,400 mètres, et partie correspondante à | |
| A reporter Fr. | 8,690,000 |

Report Fr. 8,690,000

la différence entre les deux tunnels, 28 kilomètres, à raison de 500,000 fr.(1) par kilom. » 14,000,000

Fr. 22,690,000

Quant aux frais d'exploitation, en dehors des dépenses causées par les grandes neiges, les avalanches et les éboulements considérables qu'on rencontre dans les deux vallons de Castillion et de St-Anna, nous aurons, d'après les bases que nous avons déjà établies pour le passage du Col de Tende et du Col de Pagari, une différence en plus, de francs 638,000.

Le tracé supérieur nous donnera donc, comme nous l'avions indiqué, une augmentation dans la dépense de construction et dans les frais d'exploitation.

En adoptant le tracé inférieur, la ligne aurait une longueur de 123,700 mètres, y compris les 5,500 mètres de la gare de Nice à celle du Var.

Et la dépense peut être calculée sur les mêmes bases des autres lignes :

1° Du Var à Baus-Roux, 22,00 mètres à fr. 130 le mètre Fr. 2,925,000

2° De Baus-Roux au tunnel des Alpes, 43,700 à fr. 400 le mètre » 17,480,000

A reporter Fr. 20,405,000

(1) Je calcule cette partie du chemin à raison de 500,000 fr. par kilomètre parce qu'elle se trouve sur de très-mauvais terrains; dans le vallon de St-Anna et de Castillon on a de nombreuses avalanches, des cônes d'éboulement qu'on ne peut franchir qu'en tunnel, du côté de la Tinée on a un viaduc considérable sur cette rivière et du côté de la Stura, un autre viaduc sur le Rivo Freddo.

| | | |
|---|---|---|
| | Report Fr. | 20,405,000 |
| 3° Tunnel des Alpes | » | 17,530,000 |
| 4° Du tunnel des Alpes à Aisone, 6,500 mètres à fr. 400 | » | 2,600,000 |
| 5° De Aisone à Coni, 31,000 mètres à fr. 200 | » | 6.200,000 |
| | F. | 46,735,000 |
| Intérêts du capital pendant l'exécution des travaux | » | 7,000,000 |
| Total | » | 53,735,000 |

La longueur de la ligne à construire étant de 118,200 m., le prix de revient par kilomètre serait de 455,000 francs.

## § IX.

### Produit brut du chemin de fer de Nice à Coni.

Cette partie du rapport ne peut avoir le caractère d'exactitude qu'on pourrait désirer, mais dans ces questions on ne peut établir des calculs que sur des données plus ou moins probables.

Dans les appréciations que je dois présenter, sans vouloir rejeter complètement la loi du progrès dans le développement des échanges et du bienêtre général, cependant, je crois qu'il est prudent de ne pas non plus se laisser entraîner par l'imagination, à faire des calculs fantastiques.

Les besoins auxquels la ligne de Nice à Coni doit donner satisfaction sont multiples.

Nous avons : 1° Les besoins des populations qui se trouvent sur le parcours de la ligne; 2° Le mouvement des deux gares terminales, Nice et Coni; 3° Le transport des produits de quelques industries locales; 4° Le commerce et le mouvement des voyageurs entre le midi de la France avec le nord de l'Italie, une partie de la Suisse et de l'Allemagne du Sud.

Commençons par le transport local dans l'acception restreinte du mot.

Le pays qui forme les versants des Alpes n'étant pas très-peuplé, et les produits y étant très-variés, ne pourra pas à lui seul donner au chemin de fer qui le traversera un produit important, néanmoins il ne faut pas négliger cette branche du revenu probable. Pour l'apprécier nous manquons absolument des éléments nécessaires, car il ne suffit pas de connaître les produits d'un pays, mais il faut encore savoir quels sont ceux qui sont consommés sur place et ceux qui sont exportés.

On a souvent cherché dans des cas analogues, de se rendre compte du mouvement probable, en prenant pour base les comptages faits sur les routes des pays traversés, mais ces données ne peuvent fournir que des chiffres hypothétiques ; dans notre cas, ces calculs seraient encore plus difficiles parce que dans quelques vallées, les routes ne sont pas encore achevées, et là, où elles existent depuis peu d'années, le mouvement des marchandises et des voyageurs n'a pu encore se développer. Sur la route de Nice à Tende le mouvement local se confond avec le mouvement international des deux points extrêmes.

Dans cette incertitude, j'ai pris comme base, les résultats obtenus par M. Michel, ingénieur des ponts-et-chaussées, dans l'étude qu'il a faite, à ce sujet, sur l'ensemble du réseau des chemins de fer Français.

On peut dire à priori, (et l'expérience l'a confirmé), que le mouvement des voyageurs et des marchandises, en dehors des circonstances spéciales d'industries locales, est dans un certain rapport avec le chiffre de la population ; naturellement, si la population est riche, si les produits ne sont pas variés, ce rapport sera plus élevé qu'avec une population pauvre et dont les produits sont variés ; mais, si dans mes calculs, je prends le résultat le plus bas auquel on est arrivé dans cette étude, je crois que les chiffres que j'obtiendrai ne pourront pas s'éloigner sensiblement de la vérité.

Les relations des populations placées entre le littoral et les Alpes, entre elles, ne sont pas bien importantes, c'est avec Nice surtout que le mouvement a lieu ; de même sur le versant septentrional, c'est avec Coni qu'a lieu l'échange des produits.

Il convient donc pour appliquer le système proposé par M. Michel de couper la ligne en deux, aux Alpes, et d'établir les calculs séparément sur les deux versants.

**Population desservie par la ligne de Vintimille et Tende**

| Versant Méridional | | Versant Septentrional | |
|---|---|---|---|
| Mandem[t] de Tende | 6500 | Mandement de Limone | 3249 |
| Canton de Breil . | 5900 | » Rocavione | 2639 |
| Airole, Penna, Olivetta . . . . | 1200 (1) | Borgo St-Dalmasso . | 4122 |
| | | Population de la Stura et du Gesso pour 1/3 (2). . . . . | 4176 |
| | 13600 | | 14186 |
| En total . . . 27786 | | | |

(1) La population de ces communes est plus importante mais j'ai tenu compte de leur positition relativement à la ligne.

(2) Ces populations profiteront du chemin de fer à partir de Borgo St-Dalmazzo.

## Ligne de Nice, Sospel et Tende

| VERSANT MÉRIDIONAL | | VERSANT SEPTENTRIONAL | |
|---|---|---|---|
| Mandement de Tende | 6500 | Comme pour la ligne précédente . . . | 14186 |
| Canton de Breil . . | 5900 | | |
| » de Sospel . . | 5350 | | |
| Peille, Peillon, Drap, Trinité-Victor . . | 4618 | | |
| Partie restante du canton de l'Escarène et du canton de Contes (1) calculée pour 1/3 | 1830 | | |
| | 24198 | | |
| En total . . . | 38384 | | |

## Ligne par la Vésubie et le Gesso

| | | | |
|---|---|---|---|
| Roquette, St-Martin-du-Var, St-Blaise . | 1213 | Mandement de Valdieri | 2652 |
| Canton d'Utelle. . . | 4193 | Borgo St-Dalmasso . | 4122 |
| Canton de St-Martin-Lantosque . . . | 6190 | Population de la Stura et de la Vermegnana pour 1/3 | 5250 |
| L'arrondis[t] du Puget-Théniers pour 1/3 (2) | 8000 | | 12024 |
| | 19596 | | |
| En total . . . | 31620 | | |

(1) Ces populations profiteront du chemin de fer à partir de Drap.

(2) Les populations de l'arrondissement du Puget-Théniers profiteront du chemin de fer à partir du Ciaudan et du pont Charles-Albert.

## Ligne par la Tinée et la Stura

| VERSANT MÉRIDIONAL | | VERSANT SEPTENTRIONAL | |
|---|---|---|---|
| Roquette, St-Martin-du-Var, St-Blaise . | 1213 | Mandement de Borgo St-Dalmasso | 4122 |
| Cantons de St-Sauveur et de St-Etienne. . | 8299 | id. Demonte. | 6193 |
| | | id. Vinadio . . | 3684 |
| La partie restante de l'arrondissement du Puget-Théniers pour 1/3 . . . . | 5300 | Population du Gesso et de la Vermegnana pour 1/3 . . . . | 2840 |
| | 14812 | | 16839 |
| En total . . . 31651 | | | |

D'après le système de M. Michel, en prenant pour coefficient 0,40 (1) et pour distance dans le versant méridional les longueurs de la ligne entre Nice et Tende, St-Martin ou Isola, suivant qu'il s'agit de la ligne de la Roya, ou de celles de la Vésubie et de la Tinée, et de même sur le versant septentrional la longueur de la ligne entre Coni et Limone, Valdieri et Vinadio, nous arriverons aux résultats suivants :

| Produit brut pour la ligne par | | |
|---|---|---|
| Vintimille et Tende | Fr. | 395,000 |
| Par Sospel et Tende | » | 696,000 |
| Par la Vésubie et le Gesso | » | 628,000 |
| Par la Tinée et la Stura | » | 617,000 |

(1) Ce coefficient est le plus bas obtenu dans cette étude, il varie entre 0,70 et 0,40.

Pour le mouvement des populations traversées, le revenu brut kilométrique serait de

francs 4,600 pour la ligne de Vintimille et Tende.
» 6,440 pour la ligne de Sospel et Tende.
» 5,530 pour la ligne de la Vésubie et du Gesso.
» 5,000 pour la ligne de la Tinée et de la Stura.

Quelles sont les industries existant, dans les régions traversées, qui pourront donner un tonnage pour le chemin de fer ?

Il n'y a que deux industries. L'exploitation des forêts et celle des mines. L'exploitation des forêts de nos montagnes peut donner un tonnage qui varie sensiblement d'une année à l'autre. En 1871 nous trouvons dans la statistique de la douane de Fontan 1,120 tonnes, en 1869, 1,980 tonnes; en prenant une moyenne de 1,500 tonnes par an, transportées à une distance de 30 kilomètres, au prix de fr. 0,08 par tonne et par kilomètre, nous aurons un revenu brut de 36,000 fr.

Sur le versant septentrional, dans la vallée de la Vermegnana, on peut le calculer à fr. 10,000 et en tout pour la ligne du Col de Tende Fr. 46,000

La mine de Tende en exploitation donnerait facilement 1,000 tonnes à fr. 4 (1) Fr. 40,000

Fr. 86,000

Pour la ligne de Sospel, en tenant compte de la distance à parcourir Fr. 100,000

Pour la ligne de la Tinée et pour celle de la Vésubie on peut calculer dans les deux versants :

(1) Dans ce moment on paye pour le transport d'une tonne de minerai de St-Dalmazzo à Nice 30 fr.

| | |
|---|---|
| Pour l'exploitation des bois une somme dé | Fr. 72,000 |
| et pour le transport des minérais de la vallée du Var sur un parcours de 22 kilomètres pour 1,000 tonnes | Fr. 17,000 |
| | Fr. 89,000 |

L'élément le plus important pour le chemin de fer de Nice à Coni est, sans contredit, le mouvement des voyageurs et des marchandises entre les deux gares terminales.

Le mouvement commercial existant aujourd'hui entre ces deux villes, est assez facile à apprécier avec les éléments fournis par la Statistique de la douane de Fontan, tant à la sortie qu'à l'entrée ; mais pour calculer l'augmentation qui sera provoquée par l'ouverture du Chemin de fer, il faut nécessairement avoir recours à des hypothèses plus ou moins probables.

On se trouve dans la même incertitude, pour tenir compte du trafic qui sera produit par les relations entre le midi de la France et l'Italie du Nord.

Généralement pour apprécier le mouvement probable sur un chemin de fer, on calcule le produit d'après le trafic existant, ensuite on le triple ; dans notre cas ce procédé ne me paraît pas répondre exactement à la réalité, mais faute de mieux, je suis forcé d'y avoir recours; ce système nous donnera des résultats inférieurs à ce qui doit réellement se produire, puisque, non seulement nous aurons une augmentation dans le Commerce existant, mais nous aurons en plus :

1° Le mouvement commercial entre le Midi de la France et l'Italie du Nord, qui aujourd'hui passe par une autre voie, 2° la plus grande partie des voyageurs qui viennent en hiver sur les bords de la Méditerrannée, 3° les marchandises que le port de Nice expédiera en Piémont.

**PRODUIT BRUT**

provenant du mouvement, tant comme importation que comme exportation, relevé en 1871 à la Douane de Fontan.

| MARCHANDISES | Nombre | PRIX par kilom. | LIGNE de Vintimille et Tende Longueur 86000 | LIGNE de Sospel et Tende Longr 106000 | LIGNE de la Vésubie et du Gesso Longr 113500 | LIGNE de la Tinée et de la Stura Longr 118000 |
|---|---|---|---|---|---|---|
| Chevaux, Mulets et ânes . | 130 | 0,11 | 1231 | 1515 | 1623 | 1687 |
| Bœufs, vaches et taureaux. | 25118 | 0,76 | 164161 | 202354 | 216671 | 225262 |
| Veaux et Moutons . . . | 85770 | 0,015 | 110596 | 136316 | 145961 | 151748 |
| Marchandises à grande vitesse, comme Volaille, Beurre, etc . . *tonnes* | 1831 | 0,43 | 67682 | 83422 | 89324 | 92866 |
| Marchandises à petite vitesse . . . . *tonnes* | 4377 | 0,10 | 37640 | 46430 | 49678 | 51708 |
| Voyageurs . . . . . . . | 12000 | 0, 08 | 82560 | 101760 | 108960 | 113280 |
| Bagages 1/25 du produit des voyageurs . . . . | | | 3300 | 4030 | 4358 | 4530 |
| | TOTAL . . | Fr. | 467170 | 575827 | 616575 | 641051 |

Les prix par kilomètre, indiqués dans le tableau précédent, sont le résultat d'une moyenne des prix des chemins de la haute Italie, qui ont une analogie avec le chemin de Nice à Coni.

J'aurais pu prendre des prix plus élevés, ainsi qu'on l'a fait pour la ligne du Saint-Gothard, pour tenir compte des fortes rampes, et augmenter dans ces parties de 50 p. 0[0 les tarifs en vigueur, mais j'ai voulu rester dans les conditions ordinaires des autres chemins de fer du réseau Lyon et Méditerranée et de la haute Italie, pour ne pas enlever à cette ligne l'avantage qu'elle a sur les autres dans les distances.

Si on triple ces résultats nous aurons, pour la ligne de

| | | |
|---|---|---|
| Vintimille et Tende | F. | 1,400,510,00 |
| de Sospel et Tende | » | 1,727,481,00 |
| de la Vésubie et du Gesso | » | 1,849,771,00 |
| de la Tinée et de la Stura | » | 1.923,153,00 |

En réunissant le mouvement local et le produit des industries avec le mouvement international, nous aurons :

| | | |
|---|---|---|
| Pour la ligne de Vintimille et Tende | » | 1,882,510 |
| de Sospel et Tende | » | 2,523,481 |
| de la Vésubie et du Gesso | » | 2,566,771 |
| de la Tinée et de la Stura | » | 2,629,153 |

Le revenu brut par kilomètre sera de .

| | | | |
|---|---|---|---|
| Francs | 21,800 | pour la ligne | de Vintimille à Tende. |
| » | 23,800 | « | de Sospel et Tende. |
| » | 22,600 | » | de la Vésubie et du Gesso. |
| » | 22,280 | » | de la Tinée et de la Stura. |

## § X.

### Frais d'exploitation.

Un des éléments les plus importants dans l'étude d'une ligne de chemin de fer et dont il faut tenir un grand compte, ce sont les frais d'exploitation, parce qu'ils persisteront dans l'avenir et ils augmenteront même avec le développement du trafic et avec l'importance de la ligne.

Cette étude est d'autant plus nécessaire dans notre cas, qu'il s'agit d'une ligne à fortes rampes, et que dans le choix à faire entre les quatre lignes rivales, il faut tenir compte de l'influence des rampes dans les frais d'exploitation.

Généralement, on calcule les frais d'exploitation d'après les résultats moyens obtenus sur des lignes analogues, mais comme il est impossible de trouver des lignes qui présentent les mêmes pentes et le même mouvement que celles que nous voulons étudier; que d'autre part le système des résultats moyens ne pourrait faire ressortir les avantages et les inconvénients relatifs des lignes que nous étudions, j'ai cherché une méthode plus exacte et moins empirique. Dans ce but, en m'appuyant sur des principes théoriques, et sur les résultats que j'ai pu recueillir dans les expériences faites sur les chemins de fer en exploitation, j'ai calculé les frais de transport d'une tonne sur les différentes rampes adoptées sur les lignes de chemin de fer et j'ai trouvé qu'une tonne coûtait

| | | | |
|---|---|---|---|
| par kilomètre sur une rampe de | 0,000 | par mètre | F. 0,025 |
| » | » 0,005 | » | » 0,03 |
| » | » 0,010 | » | » 0,04 |
| » | » 0,015 | » | » 0,053 |
| » | » 0,020 | » | » 0,067 |
| » | » 0,025 | » | » 0,102 |
| » | » 0,030 | » | » 0,1474 |
| » | » 0,035 | » | » 0,1841 |

Ce tableau nous fait voir l'influence des fortes rampes dans les frais d'exploitation.

D'après ces résultats la tonne coûterait sur la ligne de

| | En montant de Nice à Coni | En descendant de Coni à Nice |
|---|---|---|
| *Vintimille et Tende*. . . | Fr. 5 50 | Fr. 3 90 |
| Sur la ligne *de Sospel et Tende* . . | » 6 20 | » 4 90 |
| Sur la ligne *de la Vésubie et du Gesso* | » 6 70 | » 4 50 |
| Sur la ligne *de la Stura et de la Tinée* (1) | » 5 10 | » 4 70 |

D'après ces données, j'ai calculé les frais d'exploitation sur chaque ligne, en partant du mouvement probable que nous avons trouvé dans le chapitre précédent, et je suis arrivé aux résultats suivants :

| | | |
|---|---|---|
| Pour la ligne | *de Vintimille et Tende* | Fr. 1,077,000 |
| » | *de Sospel et Tende* | » 1,328,000 |
| » | *de la Vésubie et du Gesso* | » 1,404,200 |
| » | *de la Tinée et de la Stura* | » 1,241,600 |

Si on déduit du produit brut les frais d'exploitation, reste:

| | | |
|---|---|---|
| Pour la ligne | *de Vintimille et Tende* | Fr. 805,000 |
| » | *de Sospel et Tende* | » 1,195,481 |
| » | *de la Vésubie et du Gesso* | » 1,102,571 |
| » | *de la Tinée et de la Stura* | » 1,387,553 |

(1) Pour les parties du chemin de fer en pente, j'ai calculé les frais à fr. 0,025 comme sur les paliers, parce que l'usure du matériel doit compenser l'économie dans le charbon.

Les frais d'exploitation par kilomètre seraient :

| | | |
|---|---|---|
| Sur la ligne | *de Vintimille et Tende* | Fr. 12,500 |
| » | *de Sospel et Tende* | » 12.500 |
| » | *de la Vésubie et du Gesso* | » 12,400 |
| » | *de la Tinée et de la Stura* | » 10,500 |

Les rapports entre la recette brute et les frais d'exploitation seront :

| | | |
|---|---|---|
| Pour la ligne | *de Vintimille et Tende* | de 52 p. 0/0 |
| » | *de Sospel et Tende* | » 52 p. 0/0 |
| » | *de la Vésubie et du Gesso* | » 55 p. 0/0 |
| » | *de la Tinée et de la Stura* | » 47 p. 0/0 |

## §. XI.

### Parallèle entre les quatre lignes.

Pour établir un parallèle entre les quatre lignes, il suffit de réunir dans un tableau, les résultats obtenus dans l'étude qui précède.

| DÉSIGNATION DE LA LIGNE. | Population desservie sur le parcours. | Distance totale de Nice à Coni | Longueur à construire | DÉPENSE | | PRODUIT BRUT | | FRAIS D'EXPLOITATION | | PRODUIT NET | Rapport du produit net au produit brut. | Capital correspondant au produit net à raison de 5 p. 0/0 | DÉFICIT DE LA LIGNE. | Prix de transport de la tonne par grande vitesse. | Prix de transport de la tonne par petite vitesse. | PRIX MOYEN par voyageur de Nice à Coni. |
|---|---|---|---|---|---|---|---|---|---|---|---|---|---|---|---|---|
| | | | | TOTALE | par kilomètre. | TOTAL | par kilomètre. | TOTAUX | par kilomètre. | | | | | | | |
| Vintimille et Tende | 27,700 | 121,000 | 86,300 | 39,000,000 | 452,000 | 1,882,000 | 21,800 | 1,077,000 | 12,500 | 805,000 | 52p.0/0 | 16,100,000 | 22,900,000 | 52,00 | 12,10 | 9,68 |
| Sospel et Tende . | 38,400 | 108,000 | 106,200 | 46,000,000 | 426,000 | 2,523,481 | 23,800 | 1,328,000 | 12,500 | 1,195,481 | 52p.0/0 | 23,800,000 | 22,200,000 | 46,00 | 10,80 | 8,16 |
| Vésubie et Gesso . | 31,600 | 119,000 | 113,500 | 53,300,000 | 470,000 | 2,566,771 | 22,600 | 1,404,000 | 12,400 | 1,162,571 | 55p.0/0 | 23,200,000 | 30,100,000 | 51,00 | 11,90 | 9,52 |
| Tinée et Stura. . | 31,600 | 123,700 | 118,200 | 53,700,000 | 455,000 | 2,629,153 | 22,280 | 1,241,600 | 10,500 | 1,387,553 | 47p.0/0 | 27,750,000 | 25,050,000 | 53,00 | 12,40 | 9,84 |

On voit de suite, au moyen de ce tableau, que la ligne de Sospel et Tende présente sur les autres, des avantages sensibles:

1° Tracé plus court et, comme conséquence, économie pour le public dans les frais de transport des marchandises et des voyageurs; économie dans le temps nécessaire pour parcourir la ligne ;

2° Plus grand nombre d'habitants à desservir sur le parcours ;

3° Déficit provenant de la différence entre les frais de construction et le capital correspondant au produit de la ligne, moins important que pour les autres lignes ;

4° Avantage de pouvoir exploiter le chemin de fer sur les deux versants pendant l'exécution du tunnel des Alpes, la route étant ouverte au Col de Tende, ce qui ne peut pas avoir lieu pour les lignes de la Vésubie et de la Tinée.

Malgré tous ces avantages, si on ne devait se préoccuper que des intérêts Français, on pourrait encore hésiter entre cette ligne et celle de la Vésubie et du Gesso; mais il ne faut pas oublier que cette question doit être résolue d'un commun accord avec le Gouvernement Italien, et qu'il faut par conséquent tenir compte aussi des intérêts Italiens.

La ligne par Sospel et Tende met en communication le Mandement de Tende avec son chef lieu de province, Coni ; en même temps, la route de la Roya ouverte jusqu'à Breil, la province de Port-Maurice trouvera dans cette voie une communication plus directe avec le Piémont ; aussi il ne peut pas y avoir de doute sur les intentions et sur les préférences du Gouvernement Italien en faveur d'une ligne qui passerait par le Col de Tende.

Mais si, en proposant la ligne par le Col de Tende, et en sacrifiant ainsi les intérêts de la vallée de la Vésubie, pour laquelle il y a dans ce pays des sympathies si vivaces, nous allons au devant des désirs et des intérêts Italiens, en compensation, nous sommes fondés à demander à notre tour à l'Italie, l'abandon de Vintimille en faveur de la ligne directe sur Nice par Sospel, d'autant plus que des raisons assez puissantes conseillent ce choix.

La ligne par Sospel et Tende est plus courte que celle par Vintimille et Tende de 13 kilomètres, et nous avons vu quelle était l'importance qu'il y avait de tenir compte de cette circonstance pour faire arriver sur la ligne de Nice à Coni tout le mouvement du midi de la France avec le Nord de l'Italie. (1) Cette ligne donnera une économie sensible pour le commerce et pour les voyageurs, dans les frais de transport et dans la durée du parcours; avec la ligne de Vintimille et Tende, les marchandises venant de Coni à Nice devront traverser la frontière Française à Fontan, entrer nouvellement sur le territoire Italien à peu de distance de Breil et venir encore traverser la frontière Française avant d'arriver à Menton; tandis que par Sospel on coupe la frontière en un seul point, à Fontan.

La ligne par Sospel aboutit directement à un port de mer qui pourra servir pour l'importation en Piémont et pour l'exportation des produits de ce pays, et en même temps lutter avec Gênes et Savone pour le commerce passant par le Mont-Cenis.

Les seuls avantages que présente la ligne de Vintimille sont d'exiger un capital moins considérable pour l'exécution, et de desservir plus directement Vintimille et la province de Port-Maurice.

---

(1) Nous avons vu que la ligne par le Col de l'Échelle avait un avantage de cinq kilomètres sur celle par Sospel et Tende, pour la communication entre Marseille et Turin; si on adoptait la ligne de Vintimille cet avantage serait de 18 kilomètres.

## § XII.

### Examen de la question au point de vue financier

Nous avons vu que la ligne par Sospel et Tende présente le déficit le moins élevé, mais ce déficit est encore de 22,200,000 francs; il reste donc prouvé que ce chemin de fer n'offre pas à l'esprit de spéculation des perspectives attrayantes, ce qui, du reste, a lieu pour tous les projets de chemin de fer à travers les Alpes. Pour le Mont-Cenis les Gouvernements ont dû dépenser 75 millions; pour le tunnel des Alpes et pour la voie d'accès entre Bossolegno et Bardonnèche, le Gouvernement Italien a dû donner à la Compagnie de la haute Italie une subvention de 12 millions sur 25 millions dépensés, sans compter une garantie d'un produit brut par kilomètre de 44,000 francs.

Au Saint-Gothard, la subvention donnée à la compagnie, est de 85 millions avec un revenu brut évalué à 44,000 francs par kilomètre.

Pour le chemin de Savone à Turin, qui a beaucoup d'analogie avec le nôtre, le Gouvernement Italien a donné une première subvention de 10 millions et a garanti un revenu brut de 25,000 francs par kilomètre, et malgré tous ces avantages, la Compagnie a renoncé à la concession, et ce chemin a dû être achevé par l'entreprise Guastalla pour le compte du Gouvernement.

On voit dans quelles illusions se bercent, ceux qui prétendent arriver à construire le chemin de fer de Nice à Coni sans subvention.

Pour prouver l'utilité de ce chemin, au point de vue de l'intérêt général, de la richesse publique, il faut établir que les économies qu'on réalisera dans les frais de transport comparativement au roulage sur les routes ordinaires et les autres satisfactions réelles qu'on obtiendra avec ce mode de transport facile et rapide donneront une large compensation à la subvention qui doit être demandée aux Gouvernements aux villes et aux provinces intéressés.

Les frais de transport des marchandises au moyen du courrier qui traverse le Col de Tende s'élèvent à 100 francs la tonne, et par les charrettes ordinaires de 60 à 70 francs.

Les voyageurs dépensent, y compris les frais de route, en moyenne 20 francs.

Les bœufs, coûtent 8 francs pour la conduite de Coni à Nice, mais il y a une perte dans le poids qu'on évalue en moyenne à 60 kilog. par tête, de sorte qu'un bœuf coûte en moyenne pour venir de Coni à Nice 68 francs.

Un veau, coûte 6, 80 de transport et perd 10 k. dans le poids, ce qui donne en total fr. 17,00.

Un mouton, coûte 1,10 de transport et perd 6 k. dans le poids en total fr. 7,00

Un porc, coûte 13 fr. 30 et perd dans le poids 18 kilog. en total francs 30,00

D'après ces données, les pertes provenant de la diminution dans le poids des animaux, et des frais de conduite et de transport sont:

| | | | | | | |
|---|---|---|---|---|---|---|
| Bœufs et vaches | 25,200 | à | fr. | 68,00 | F. | 1,713,600 |
| Veaux | 14,000 | » | » | 17,00 | » | 238,000 |
| Moutons | 53,000 | » | » | 7,00 | » | 371,000 |
| Porcs | 11,200 | » | » | 30,00 | » | 336,000 |

A reporter Fr. 2,658,600

| | | |
|---|---|---|
| | Report Fr. | 2,658,600 |
| Marchandises, Tonnes 62,000, à fr. 7o | Fr. | 434,000 |
| Voyageurs » 12,000, » 20 | » | 240,000 |
| | » | 3,332,600 |
| A déduire les frais par chemin de fer, calculés pour la ligne de Sospel et Tende à | Fr. | 575,827 |
| Économie réalisée | Fr. | 2,756,773 |

Cette somme donnerait déjà une bien large compensation pour les intérêts du déficit à combler par la subvention.

Mais on aura, en plus, les bénéfices que les populations retireront du développement des relations commerciales entre le Midi de la France et le Nord de l'Italie, les avantages d'une voie facile et rapide pour les populations traversées, l'économie du temps et d'argent pour les nombreux voyageurs qui viendront passer les hivers sur les bords de la Méditerranée, pour retourner ensuite en Suisse ou dans l'Europe du Nord, l'approvisionnement des villes du littoral rendu plus facile et plus économique, et, comme conséquence, le développement de leur prospérité. Les départements du Var et des Bouches-du-Rhône obtiendront un débouché précieux pour leur industrie et leur commerce.

Les Gouvernements, sans parler des avantages indirects que l'augmentation de la fortune publique donne toujours aux finances de l'Etat, réaliseront une économie sensible dans l'entretien de la route de Nice à Coni ; le passage du Col de Tende à lui seul coûte aujourd'hui au Gouvernement Italien dans la saison d'hiver 50,000 francs environ.

# CONCLUSIONS

*On voit par l'exposé qui précède, que l'Entreprise d'un Chemin de Fer direct de Nice à Coni, présente tous les éléments d'une opération éminemment productive et utile à l'activité sociale, et que les capitaux qui y seront engagés recevront une large compensation dans le développement de la fortune publique.*

Il nous reste à indiquer comment on peut arriver à la réalisation de ce projet.

Le déficit que nous avons reconnu exister entre la dépense de construction et le capital correspondant au revenu net de la ligne, et qui s'élève pour la ligne de Sospel et Tende à 22,200,000 francs, ne peut être comblé qu'au moyen d'une subvention à répartir entre les deux Gouvernements Français et Italien, les villes, les départements et les provinces intéressés.

A mon avis, la ville de Nice et les autres villes du littoral, jusqu'à Toulon, les Communes traversées, le département des Alpes-Maritimes et celui du Var, devraient concourir dans cette dépense pour 2,000,000 francs et du côté du Piémont, les villes de Coni, Saluces, Pignerol, les autres Communes traversées et les provinces de Coni, Saluces, Pignerol, Mondovì, devraient à leur tour donner une somme égale, en total 4,000,000 francs. Le concours des villes et des Communes traversées devrait, autant que possible, être converti en terrain, pour ne pas imposer à la Compagnie l'alea des expropriations,

La somme restante, est de 18,200,000 francs, mais comme il n'y aura pas de perte d'intérêt pour la subvention de 22,2000,000 fr, de la dépense totale il faut déduire 2,200,000 francs, et la subvention à donner par les deux Gouvernements serait réduite à 16,000,000 fr. qui, partagés en égales portions entre les deux Gouvernements, exigeront un crédit de 800,000 fr., par an, pendant dix ans.

La somme que je propose de demander aux villes et provinces intéressées ne peut pas être considérée comme exagérée, si on retient que pour la ligne de Savone on a obtenu des Municipes et des Corps Moraux intéressés fr. 3,500,000. La Ville de Gênes a donné 7,000,000 fr., pour le passage du St-Gothard, Le Conseil Général des Alpes Maritimes, en 1869, a voté une subvention de 300,000 fr. pour la ligne par Vintimille et Tende. La province de Coni a donné plus d'un million pour le chemin de fer de Savone.

La plus grande difficulté que nous rencontrerons, sera donc dans la subvention des deux Gouvernements, cepen-pendant, si on veut être juste, on reconnaîtra facilement que notre demande est parfaitement justifiée.

Le Gouvernement Français a déjà donné un milliard sept cent millions en subvenfion aux Compagnies; tous les jours des sommes considérables sont accordées aux chemins de fer d'intérêt local, qui certainement n'ont pas l'importance du chemin de fer de Nice à Coni. L'Etat paye annuellement 40 millions de supplément de garantie aux Compagnies, et la justice distributive veut que les bienfaits du Gouvernement se répartissent uniformément sur toutes les provinces et surtout, sur les pays deshérités comme ceux qui se trouvent sur les deux Versants des Alpes.

Lorsqu'on jette les yeux sur une Carte des chemins de fer Français, on est frappé du grand vide qui existe dans notre département. Autour de la Ville de Marseille, ont voit se multiplier les lignes pour donner à ce port tous les débouchés possibles; on ne se contente même plus des lignes existantes, mais partout, où l'on peut obtenir un raccourcis, on construit des lignes nouvelles, tandis qu'aucun débouché n'a été créé pour leportde Nice dont la position serait cependant si avantageuse, car c'est le port Français le plus rapproché du Canal de Suez; en outre, si les navires peuvent toujours facilement entrer dans les eaux de Nice, tandis que le golfe du Lion est souvent inabordable.

Le Gouvernement Français vient de faire construire, au moyen de subvention et des garanties de produit brut accordées aux Compagnies, le troisième réseau de chemins de fer, qui n'a donné jusqu'à présent, qu'un intérêt de 1 p. 0/0 sur le capital employé, tandis que la ligne, pour laquelle nous demandons une subvention, donnera le 2,60 p. 0/0, aussi, malgré les embarras financiers dans lesquels la France se trouve dans ce moment, eu égard à l'importance de ce chemin qui donnerait au port de Nice un débouché important, qui assurerait l'approvisionnement de deux départements, et ouvrirait pour tout le Midi de la France une voie commerciale avec l'Italie du Nod, il ne peut pas y avoir de doute sur le concours du Gouvernement.

Le Gouvernement Italien qui, malgré les crises politiques et économiques que ce pays a traversées, a toujours favorisé le développement des voies ferrées, n'hésitera pas non plus à accorder son concours au chemin de fer de Nice à Coni.

Nous avons vu dans le chapître précédent ce que ce gouvernement a fait pour la ligne du Mont-Cenis et pour celle de Savone; nous devons encore indiquer ce qu'il continue à faire pour la ligne Calabre-Sicilienne et les lignes Sardes. Tous ces chemins de fer ont été construits presque complètement avec l'argent du budget de l'État, cependant le produit brut moyen de ces lignes n'est que de 7,400 fr. par kilomètre, tandis que celui de la ligne pour laquelle nous demandons une subvention sera de 23.000 fr., ce qui prouve son importance à côté de celles qui sont construites avec l'argent de l'État.

La ligne ligurienne a été complètement exécutée au frais de l'État.

La somme que le gouvernement a à payer pour supplément aux Compagnies pour la garantie du produit brut dépasse 50,000,000 fr. par an.

Il est donc juste que les populations des provinces de Coni, Saluces, Pignerol, Mondovì, Turin puissent recevoir, à leur tour, une part dans ces crédits, et que tous les sacrifices ne soient pas faits exclusivement pour les provinces Méridionales.

La subvention nouvelle que le Gouvernement Italien devra donner n'est que de 4,000,000 fr., si on tient compte des 3,000,000 fr. qu'il faudra dépenser pour le tunnel du Col de Tende, et qui ont déjà été votés, et de l'économie considérable qu'il obtiendra dans l'entretien du passage du Col de Tende, en hiver.

La question réduite à une subvention de 400,000 fr. par an pendant dix ans, à mon avis ne doit plus présenter de difficulté.

En plus de la subvention, il faudrait demander aux deux Gouvernements la garantie d'un produit brut de 24,000 fr. par kilomètre : cette garantie serait plutôt morale qu'effective ; en effet, on a vu qu'en tenant compte de tout le mouvement qui doit avoir lieu sur ce chemin, les calculs que nous avons établis sont au dessous des prévisions probables.

Tous ceux qui ont étudié cette question, ont toujours porté le revenu brut de 20 à 30 mille fr. par kilomètre, et dans leurs calculs, ils n'avaient pas tenu compte, ni des voyageurs qui viennent passer les hivers sur les bords de la Méditerranée, ni du commerce entre le Midi de la France et le Nord de l'Italie.

Cette demande de garantie à pour but de donner plus d'assurance aux capitaux, car on sait que depuis les mécomptes que les capitalistes ont subis sur le Grand-Central, le Saragosse, les Romains et le réseau, Franco-Suisse, on souscrit difficilement à une entreprise de cette nature, sans une garantie des Gouvernements.

La garantie que nous demandons n'est que de 24,000 francs par kilomètre, tandis que la garantie donnée par le Gouvernement Italien sur le réseau piémontais

| | |
|---|---|
| est de francs | Fr. 30,310 |
| Sur le réseau Lombard de | » 27,557 |
| Réseau de l'Italie centrale | » 44,217 |
| Pour la ligne de Savone | » 25,000 |
| Pour la ligne du Mont-Cenis | » 44,000 |
| Pour les lignes Sardes | » 12,000 |

produit net.

Si on arrive à obtenir des gouvernements, des villes et des provinces intéressés les subventions nécessaires et la garantie de 24,000 fr, de produit brut, la question est réduite à trouver un entrepreneur qui se chargerait à forfait de la construction de toute la ligne moyennant 41,000,000 francs, ainsi que cela a été fait par l'entreprise Guastalla pour le chemin de Savone à Turin; moyennant cette combinaison, les capitalistes seraient à l'abri de toute éventualité de perte, et auraient devant eux la perspective d'un bénéfice.

Il y aurait cependant encore une combinaison bien plus simple et qui pourrait recevoir une solution immédiate : ce serait de concéder la ligne de Nice à Fontan, à la Compagnie Lyon-Méditerranée et la partie comprise entre la frontière et

Coni, à la Compagnie de la haute Italie. Ces deux Compagnies auraient immédiatement les capitaux disponibles et trouveraient, dans l'exploitation des facilités qu'une Compagnie nouvelle et isolée ne pourrait avoir.

*Nice, le 2 Janvier 1873.*



J. DURANDY.

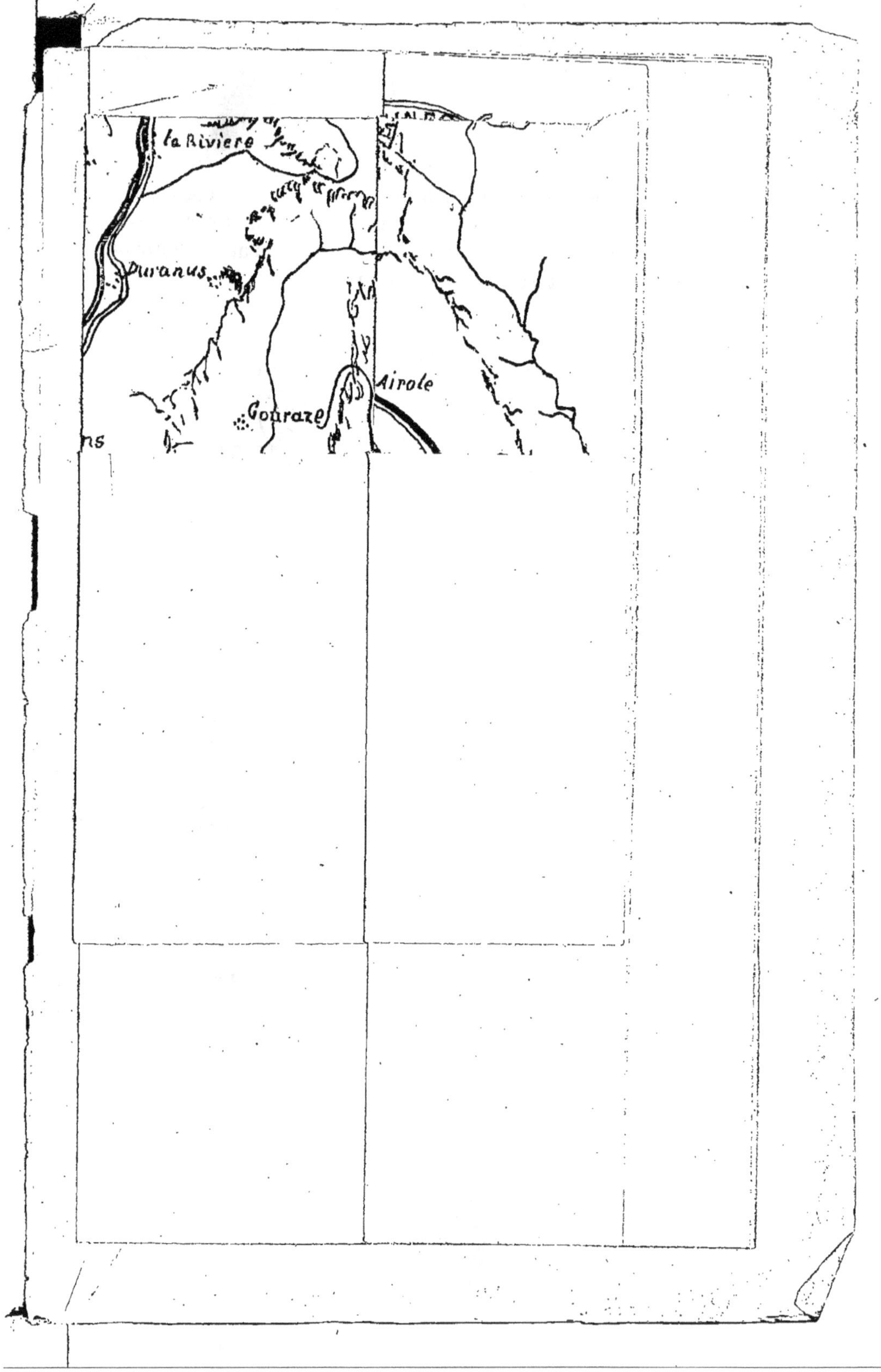
la Riviere
Duranus
Airole
Gouraze
ns

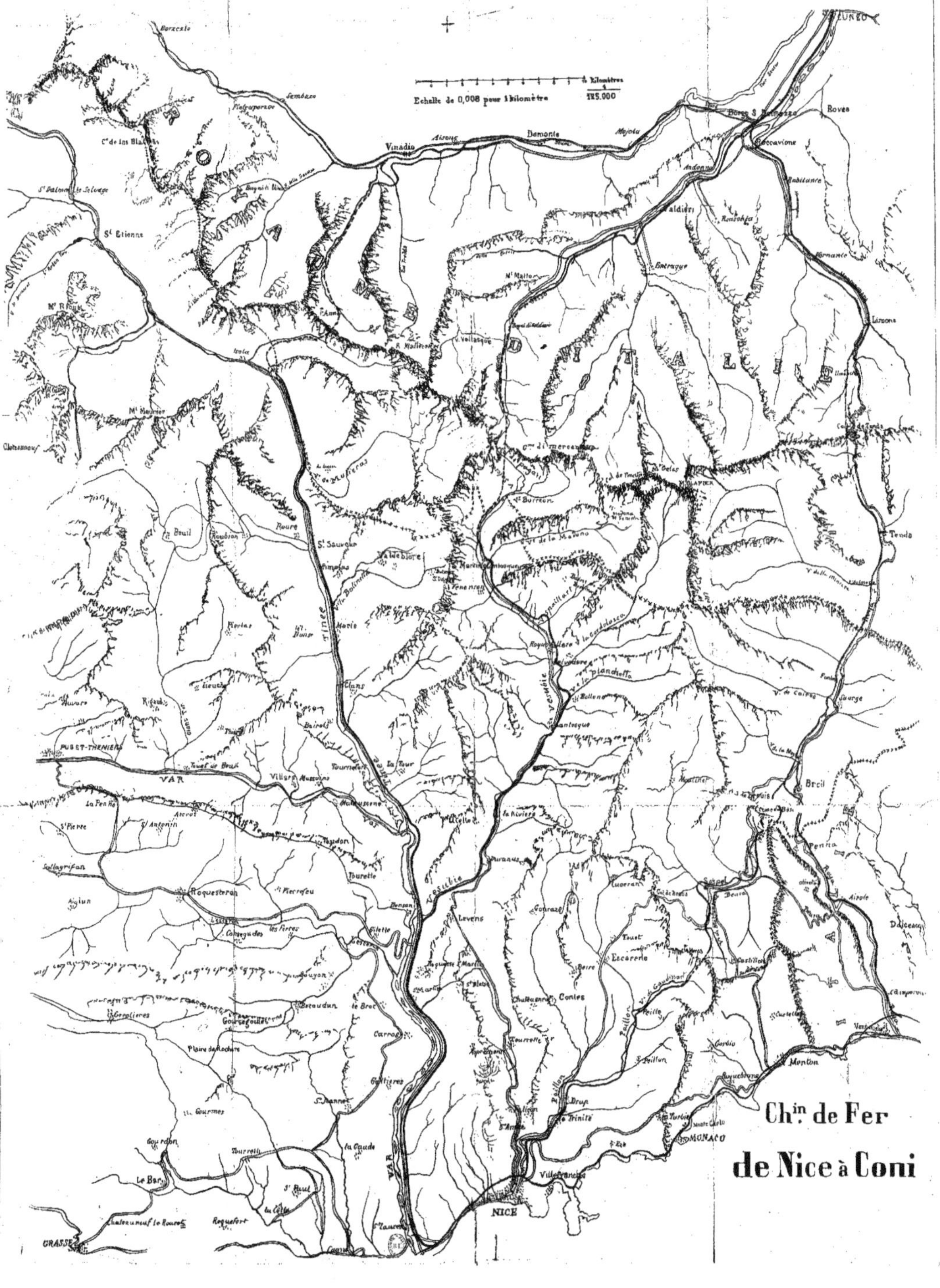

Chin. de Fer
de Nice à Coni
Echelle de 0,008 pour 1 kilomètre
125.000
CUNEO
Vinadio
Demonte
Roves
Valdieri
Entraque
Limone
Tenda
St. Etienne
St. Sauveur
Valdeblore
Roure
Bouil
Clans
La Tour
Utelle
Levens
Saorge
Breil
Penna
Sospel
Castillon
Menton
Roquebrune
Turbie
MONACO
Villefranche
NICE
Escarene
Contes
Drap
La Trinité
Gourdon
Le Bar
GRASSE
Roquefort
St. Paul
Roquesteron
PUGET-THENIERS
VAR
Vesubie
Tinée
Malaussene
Touet
Villars
Rimplas
St. Martin
Venanson
Belvedere
Lantosque
Bollena
Luceran
Coaraze
Bonson
Gilette
Le Broc
Carros
St. Jeannet
La Gaude
Chateauneuf

www.ingramcontent.com/pod-product-compliance
Lightning Source LLC
Chambersburg PA
CBHW071500200326
41519CB00019B/5815
*9782019568146*